LA LUZ ENTRA EN LAS HERIDAS

Walter Wangerin Jr.

LA LUZ ENTRA
EN LAS HERIDAS

*Historias sobre la gracia divina
de Dios*

GRUPO NELSON
Una división de Thomas Nelson Publishers
Desde 1798

A Robert Hudson,
editor y amigo

Contenido

PARTE 1

¿Dónde está Jesús?

CAPÍTULO 1

¿Dónde está Jesús?

En 1948 Wally era tan pequeño que podía gatear entre las bancas de la iglesia y tan joven como para dejarse reprender por su madre y ser conducido de vuelta a casa con una sola mano. Al mismo tiempo, ya contaba con la edad suficiente para sufrir una crisis espiritual. Wally jamás había visto a Jesús con sus propios ojos. Seguramente el Salvador se encontraba recorriendo todas las habitaciones de la casa de Dios.

Wally estaba convencido de que los otros fieles, con los que se topaba cada domingo, habían visto a Jesús cara a cara; si no, ¿de qué otra manera podrían entonar aquellos himnos sin que les produjera ansiedad, o cómo podrían murmurar quedamente sus oraciones? Ellos no tenían que gritar, porque su dios estaba cerca, vistiendo una sotana o una bata y sandalias, comiendo sándwiches y bebiendo refrescos de soda.

Quizá Jesús se estaba escondiendo de Wally en particular. Quizá estaba enojado con Wally por algún pecado que éste hubiera cometido. Pero ¿qué pecado? Wally no podía recordar. ¿Y no debería un niño recordar un pecado tan grave que le hubiera costado el rechazo de Jesús? Wally intentaba con todas sus fuerzas recordar qué era aquello tan malo que había hecho para entonces poder decir que estaba muy, muy arrepentido.

El predicador hablaba con palabras vanas y superficiales. Durante sus sermones, el pequeño Wally se deslizaba por el suelo hasta las bancas, descubriendo un bosque de pantorrillas, valencianas, zapatos y agujetas. No pasaba mucho rato antes de que su madre lo tomara del cuello de su camisa, lo arrastrara hacia la banca y lo forzara a quedarse junto a ella, con aquella mano de la que era imposible desasirse.

Su madre era una mujer muy fuerte. Y su voluntad era absoluta. Alguna vez, en el Parque Nacional Glacier, el guardabosques le había dicho: "Si te encuentras con un oso, sácale la vuelta. No lo mires a los ojos. No corras. Huye despacio, muy despacio".

Cuando Virginia se topó con un oso que se acercaba peligrosamente y acechaba su tienda de campaña, fue tras el animal mientras chocaba contra sí dos sartenes y le gritaba: "No te metas con mis hijos".

El oso simplemente gruñó y se alejó.

Pero Wally era obstinado. ¡Y quería ver a Jesús!

Entonces, un domingo, durante la ceremonia, de pronto sintió unas irreprimibles ganas de ir al baño. Se encogió mientras le decía a su madre: "Tengo que ir a hacer pipí".

Ella le contestó: "Si te urge, pues te urge. Pero regresa rápido y directamente para acá".

• • •

El corazón de un niño es capaz de albergar una gran desolación y, por eso mismo, de poseer también una gran astucia. Mientras más abandonado me sentía, más se exacerbaba mi infantil decisión de descifrar dónde se escondía Jesús. Pensaba que lo encontraría cuando él bajara la guardia; por ejemplo, en la oficina del pastor. Lo busqué ahí pero no lo encontré. Lo busqué en el ruidoso cuarto del calentador. En la cocina de la parroquia. En el baño de los niños. Y entonces, con una mezcla de miedo y emoción, me aventuré a buscarlo en uno de los lugares más sagrados: el baño de las niñas. Los chicos le teníamos una clase de asombro reverencial a aquel lugar.

El baño tenía el aroma del misterio de la feminidad. A lo largo de una de sus paredes había un gran tocador frente al que se encontraban unas sillas altas muy acolchonadas. En la barra se hallaban coquetas botellitas de perfume y cajas de Kleenex, y de la pared colgaba un elaborado espejo enmarcado con madera. Pero tampoco ahí encontré a Jesús. Del otro lado de la estancia había dos gabinetes metálicos. Nerviosamente abrí las puertas, una después de la otra… Sin éxito, regresé con mi madre. Me sentía un pequeño niño desolado y perdido.

La siguiente idea que se me ocurrió fue absolutamente brillante.

Cuando el pastor se volvió hacia el altar y empezó a entonar un cántico, no pude creer que la voz tan profunda que escuchaba fuera suya. El pastor era un hombrecillo pálido, con lentes, demasiado pequeño y muy "suave" como para producir aquella voz. ¿Y qué? Solamente estaba fingiendo cantar. ¡Esa voz solamente podía ser la gloria del Señor! Ahora el altar me parecía un largo trozo de madera rectangular, algo así como un féretro. Ahí era donde Jesús estaba escondido.

Tan pronto como terminó el servicio y la gente se arremolinaba fuera de la iglesia, me escabullí hacia el presbiterio en dirección al altar. Entonces, súbitamente, brinqué detrás de él. (¡Hurra!). Pero tras el altar sólo estaba el piso empolvado, un viejo himnario y una silla rota. Y no estaba Jesús. Mi sueño no estaba ahí, leyendo la Biblia mientras bebía un jugo de naranja.

El corazón de un niño puede abrumarse bastante debido a la pena y a la frialdad de la soledad. Yo sabía que no era un niño bonito. "Cara de Luna", me llamaba mi madre. "Débil de pensamiento." Quizá verme era suficiente razón para sentirse avergonzado.

Mi vida estaba acabada.

Algún tiempo después, durante un servicio similar, noté por primera vez lo que mi madre había estado haciendo durante todos mis años de vida. El pastor de apariencia fantasmagórica se volvió hacia el altar y dijo: "Pan", y luego: "Mi cuerpo". Todo el mundo estaba de pie. Mi madre también.

El pastor siguió: "Sangre. Bébanla".

Asqueroso.

El pastor se volvió hacia la audiencia y declaró: "La paz del Señor". Y todos cantaron: "Amén".

Entonces, un hombre se acercó a cada fila de las bancas y dijo que todos debían ir hacia el altar. Había una larga fila de personas y, entre ellas y el pastor, una larga almohadilla donde podían arrodillarse. El pastor rondaba alrededor de esa fila.

Cuando le tocó el turno a nuestra banca, noté un cambio en la actitud de mi madre. Su cabeza estaba inclinada hacia abajo, y sus manos, entrelazadas. Ya saben, igual que el ángel que adorna el vidrio emplomado de la iglesia. Así como lo habían hecho los demás, ella se arrodilló, pero lo más increíble fue cuando el pastor se acercó, ella sacó la lengua y él depositó una pequeña galleta, que mi madre masticó y tragó. Justo como un bebé comiéndose una galleta de animalito. Entonces el pastor le acercó aquella copa dorada a los labios. ¡Un vasito entrenador! ¡Y Virginia Wangerin bebió! Esta no era la mujer que podía espantar a los osos. Esta no era la madre que podía levantar a un niño con una sola mano. Era otra, diferente de cualquiera que hubiera visto antes. Es decir, todo era distinto.

Cuando regresó casi flotando hasta nuestra banca, la cara de mi madre estaba beatificada: tenía la cara de una pequeña e inocente niña.

Y cuando se sentó junto a mí, incluso olía diferente. Era como si hubiera regresado envuelta en una nube de aroma místico y riquísimo. Se sentó, bajó la cabeza con reverencia y empezó a mover los labios. Está rezando, pensé. Yo también me arrodillé y puse mi nariz cerca de su cara. Ella volteó a verme con cierto enfado; No obstante, le pregunté "¿Qué es eso?"

—¿Qué es qué? —respondió ella.

—Ese olor —insistí—. Ese olor en tu nariz.

—Ah, eso —contestó—. Lo que bebí.

—¿Qué bebiste?

—Vino, Wally.

—No —repliqué—. ¿Qué es eso dentro de ti?

Virginia se tomó su tiempo para responder. Entonces contestó: "Sangre. Es la sangre de Jesús. Jesús está en mi interior".

¡Oh, por Dios! ¡Mi madre es tu habitación!

Después de que todos los presentes terminaron de arrodillar-se, comer y beber, y ya que habían retornado a sus respectivos lugares en las bancas, nos levantamos y cantamos: "Señor, ahora permite a tus siervos ir en paz de acuerdo con tu palabra... Mis ojos han visto la salvación..."

CAPÍTULO 2

Una anciana jorobada

Una fría tarde de marzo llevé a mi hija a la Catedral de San Patricio, en Manhattan. Había estado dando algunas conferencias y leyendo algunos pasajes de la Biblia en la misma iglesia donde el presidente George Washington era conocido por asistir a los servicios religiosos.

En aquellos días había prometido llevar a mis hijos a un viaje, uno por uno, a donde me invitaran a impartir mis conferencias: llevaría a Joseph a San Louis; a Matthew, a un juego en Chicago, y a Talitha a San Francisco y a Alcatraz. Esta vez era el turno de Mary. Tenía diez años.

Aquel vasto y abovedado santuario me dejó sin palabras. Mary simplemente tenía curiosidad. Me preguntó: "¿Dónde está Jesús?"

El alto techo creaba un eco con las voces distantes de los diferentes grupos de gente: turistas que se paseaban con cámaras que colgaban de sus cuellos, estudiantes que tomaban notas, monjas devotas que se arrodillaban y que iban pasando las cuentas de sus rosarios mientras murmuraban alguna plegaria, y algunos párrocos que a lo lejos susurraban la misa en las capillas de los extremos, y que me parecían figuras oscuras, solitarias y melancólicas. Sin faltar la gente sin hogar que se había hecho de un pequeño territorio, recostados con sus viejos y raídos abrigos, junto a bolsas del súper que contenían sus escasas posesiones.

Era de esperarse que estuvieran allí. Hacía un frío penetrante afuera, y a pesar de que la Catedral de San Patricio no era muy cálida, les proveía protección contra el terrible viento de Nueva York.

De hecho, no había llevado a mi hija sólo a conocer la catedral como hace cualquier turista. Quería mostrarle cosas como la arquitectura cruciforme, las historias bíblicas enmarcadas en las ventanas de vidrios emplomados, las columnas de mármol, las esculturas de los santos, los símbolos y las tradiciones de la antigua Iglesia.

Nos fuimos acercando lentamente hacia el ala izquierda de la nave.

—Nave —le expliqué— es una palabra que proviene del latín y significa "barco". Algunas veces, los cristianos equiparaban sus iglesias con grandes barcos que surcaban las olas del mundo. Los botes los mantenían a salvo de la perversidad, del peligro y de la guerra. Navegaban, ¿ves?, hacia las costas del cielo.

Mary sólo asintió. Quizá comprendió. Quizá no. Por toda respuesta me volvió a preguntarme: "¿Dónde está Jesús?"

Señalé hacia las filas de los delgados cirios que resplandecían, derramando su luz líquida sobre la arena que los mantenía en su lugar. Le dije: "¿Ves esas velas, Mary? Cada una fue colocada ahí por una oración que alguien está elevando; plegarias por ellos mismos o por alguien más".

Las voces en la catedral producían un largo suspiro, como si las paredes de la construcción estuvieran quejándose. El sonido me recordó la enorme sala de espera de la Union Station de Chicago, donde un pequeño niño asustado veía a su padre llegar después de bajar del tren. Me recordó las voces sin rostros que reducían al niño a un simple gatito aterrorizado.

Tomé a Mary de la mano y la llevé hacia la estatua de un santo que se posaba sobre un pedestal. Sus ojos miraban hacia el cielo. Sus manos estaban extendidas. No vestía más que un taparrabos y al menos quince lanzas habían perforado su cuerpo.

—Éste es un mártir —le dije—. La gente cree que los mártires fueron los primeros cristianos que murieron por su fe. No se equivocan. Pero en realidad la palabra *mártir* significa "testigo". Piensa en ese hombre y en la forma como murió: ¿te fijas cómo su cara no proyecta miedo? Frente a sus asesinos él estaba atestiguando el amor y el poder del Señor. Yo también, Mary —añadí—. Y tú también. Ahora nosotros no tenemos que morir para ver a Jesús. La clave está en la forma en que vivimos.

Mary escuchó y asintió. Pero creo que en realidad sólo estaba siendo amable conmigo y paciente con mis enseñanzas.

Así seguimos. Le enseñé más de catorce esculturas en mármol de Jesús, cada una mostrando su sufrimiento durante su camino hacia la cruz. Y una donde ya había muerto. Por último, aquella en la que su cuerpo sin vida yacía en el regazo de María, su madre.

—Estas se llaman estaciones —le comenté—. Los católicos iban de tallado en tallado, rezando y pensando en la historia de Jesús. Esta de aquí es llamada *Pietà* (La Piedad).

Mary habló: "¿Papi?"

—Espera sólo un poquito más; luego iremos a Burger King. Pero primero tienes que ver el altar —le contesté.

Exactamente debajo de la alta, acanalada y grandiosa cúpula de la catedral, elevada sobre una plataforma de mármol parcialmente rodeada por una parrilla de bronce, de la que descendían cinco escalones, se encontraba el altar mayor, majestuoso e imperturbable.

Pero fue algo más lo que captó mi atención. Alguien, mejor dicho: una mujer sentada en el último escalón. Era obvio que vivía en la calle. Le colgaba, cual péndulo, el labio inferior, y su nariz estaba tan hinchada que parecía una manzana vieja a punto de caer del árbol. Su cabeza era enorme y la cubría con un sombrero de hombre. La mujer, sin embargo, era pequeña y jorobada. Tenía el tipo de un enanito de Disney. Era de tez oscura. ¿Quizá por pasar demasiado tiempo bajo el sol? Era posible. No se había aseado en días; eso era seguro. Portaba botas de combate y tres o cuatro suéteres. Tenía los hombros caídos, probablemente de cansancio.

Aquello no era algo que quisiera explicarle a mi hija, así que mejor la llevé hacia el ambulatorio, aquella isla hemisférica detrás del altar mayor. En ese espacio no había turistas. Quienes estábamos ahí nos movíamos de manera silenciosa y reverencial. Las monjas enfundadas en sus negros hábitos caminaban con sus zapatitos sin hacer el mínimo ruido. Había varios monjes que también vestían túnicas negras atadas por la cintura: sus manos reposaban sobre sus estómagos y los capuchones de sus túnicas les cubrían hasta los ojos. Un niño con guantes blancos se apretujó contra las faldas de su madre ante ese espectáculo.

Mary se dedicaba a mirar alrededor. El silencio parecía haber hecho más grandes sus ojos azules. Aparentemente, el lugar estaba logrando lo que yo no había podido hacer: atraer su atención total.

En el vértice de aquel ambulatorio semicircular se encontraba la puerta que conducía hacia la capilla de María y la adoración de la Virgen. Una gentil veneración llenaba la habitación. Entré con Mary. Montada sobre la puerta había una caja metálica para depositar las monedas destinadas a los pobres. Mary estaba muy contenta. Yo me sentía feliz por poder sentarme un rato. Pensé rezar un poco. Quizá lo hice y en verdad recé.

Nos quedamos en ese lugar alrededor de diez minutos. Al final, fui yo quien decidió irse.

Me sorprendió un poco constatar que la anciana jorobada había estado sentada detrás de nosotros y que ahora también se levantara para irse. Seguramente sus piernas estaban adoloridas, a pesar de su pequeño tamaño. Tuvimos que aminorar nuestro paso detrás de ella mientras se dirigía con paso lento hacia la salida. Hizo una pausa. Rebuscó entre los bolsillos de uno de sus suéteres y sacó varias monedas, que depositó en la caja para los pobres. Se persignó y abandonó la capilla.

¡Un testigo! Ella era un testigo dirigiéndose al Camino del Calvario. Con las puntas de cincuenta lanzas de ancianidad y de pobreza perforando su alma.

—Mary —le susurré—. Ahí está Él. Ahí está Jesús frente a nosotros. En esa mujer.

PARTE 2

Jesús está cerca

CAPÍTULO 3

Talitha: las oraciones
de la abuela Trula

El apóstol san Pablo escribió a los colosenses que, incluso en su ausencia, "no había dejado de orar por ellos". Este es un fragmento de esa oración: "Y estén fortalecidos en todo sentido, con su glorioso poder; así perseverarán con paciencia en toda situación, dando gracias con alegría al Padre".

Desde que Pablo escuchó la voz del Señor en su camino hacia Damasco, desde que las escamas cayeron de sus ojos, desde que fue bautizado, oró por la gente lejana. Lleno de fe, creía que el Espíritu Santo llevaría las respuestas del Señor a través de las tierras y los mares a los amigos que Pablo nombraba en sus oraciones.

Y Santiago suscribe lo que la oración puede lograr. En su carta a "Las doce tribus de la dispersión", escribe: "La oración del justo es poderosa y eficaz". Habla de un hombre justo; pero, en este caso, yo hablo de una mujer justa.

Trula nunca había visto a su nieta, hasta que conoció a Talitha en su graduación del Spelman College en Atlanta, Georgia.

En aquellos días, todos los papeles de adopción habían sido sellados. Los apellidos de la familia biológica no eran compartidos a la familia adoptiva; de igual manera, los nombres de la familia adoptiva no eran compartidos a los de la familia biológica. Trula, entonces, no conocía los apellidos de nacimiento de su nieta, ni dónde vivía, ni nada sobre su vida.

—Talitha —le dije a la viejecita, mientras tomábamos asiento en una banca en la base de la Stone Mountain—. Tomamos ese nombre del evangelio de san Marcos, en el que Jesús levanta a una pequeña niña de su lecho de muerte, diciéndole: "Talitá, kumi".[1] Por eso llamamos Talitha Michal a nuestra pequeña bebé.

—Su primera mamá la llamó Cassindra Marie —añadió Trula.

Entonces procedió a contar cómo había rezado por su nieta desconocida durante los últimos veinte años.

La oración de una mujer justa valió mucho. Talitha creció y se convirtió en una mujer sana, aventurada y segura de sí misma. A diferencia de su hermana Mary, siempre tenía ordenada su habitación. Era muy disciplinada, y si alguien osaba despertarla en las horas en que su agenda mandaba que estuviera durmiendo, se convertía en el halcón que atrapa al pato por los talones.

• • •

Durante sus primeros años, sentados frente a la mesa del comedor, observaba a mi hija hasta el punto de que su imagen se hacía borrosa, mientras buscaba en ella las características de sus antepasados que arecían flotar fantasmales sobre Talitha con sus caras indistinguibles. Sabíamos que su padre era afroamericano y

---

[1] "Niña, te lo digo: ¡levántate!"

que su madre era blanca, que había nacido en Frankfort, Indiana. Conforme Talitha crecía con nosotros, la presencia de aquellas almas se mantuvo como un misterio anónimo y desconocido.

En mayo de 1993 Thanne y yo llevamos a nuestra hija al sur de Valparaíso, Indiana, al Spelman College, en Atlanta, Georgia, donde habría de registrarse para ingresar a su primer año de universidad. Las cajas bloqueaban la visión de la ventana trasera del auto. Conforme nos aproximábamos a Frankfort, Talitha dijo: "Quiero detenerme aquí".

La miré a través del espejo retrovisor. No estaba bromeando. Estaba muy seria.

—¿De veras? —le pregunté—. ¿Estás segura?

—¿Me estás retando? —respondió

Thanne habló: "Sí, Wally; está segura. Y yo también".

Frankfort es un pueblo pequeño, de hecho muy pequeño, a unas treinta y cinco millas al noroeste de Indianapolis. Nunca antes habíamos tenido una razón para desviarnos ahí.

— Talitha y yo hemos estado platicando —explicó Thanne.

—¿Qué quieres decir con *platicar*?

Tomé la desviación hacia la State Highway 28. Durante las nueve millas que nos separaban de Frankfort, Thanne me contó la historia.

En algún momento, mientras Talitha todavía estaba en la preparatoria, Thanne la encontró en la sala de televisión. La niña estaba viendo el programa de Oprah Winfrey. Su madre lo veía detrás de ella. Pronto, Thanne se dio cuenta de que Oprah reunía a niños adoptados con sus padres biológicos. Talitha estaba sentada en el suelo, paralizada. Debió haber sentido la presencia de su madre, porque le dijo: "Quiero encontrar a mi madre".

Desconozco si Thanne sintió ese particular golpe en el estómago acicateado por las palabras de su hija, pero le contestó: "Piénsalo. Espera a cumplir dieciocho y vuelve a pedírmelo".

Frankfort está poblado de manera predominante por gente blanca. Ciertamente, la llegada de un hombre de color diecinueve años atrás debió haber causado conmoción. Alguien debía recordarlo.

Nos dirigimos hacia el palacio de justicia del condado, con la esperanza de encontrar libros en los cuales hubiera quedado un registro. No tuvimos suerte. Entonces fuimos al hospital donde Talitha había nacido, justo al lado de la iglesia luterana donde suponíamos que nuestra hija había sido bautizada. Nadie podía contarnos nada. Nadie recordaba a un hombre de color y —este era el peor obstáculo— en esa época no conocíamos más nombre que el que nosotros le habíamos dado a nuestra hija.

El siguiente verano Talitha y Thanne repitieron su búsqueda en Frankfort. Esta vez hablaron con ciudadanos ordinarios, a quienes siempre les dejaron sus nombres y un número de teléfono. Entre aquellos a quienes se acercaron hubo un joven reportero del periódico local.

Poco después de que Talitha regresó a Spelman ese reportero llamó a nuestra casa en Valparaíso: "Creo que tengo el apellido del padre de la madre biológica de su hija: Williams. Aún vive en Frankfort".

Los viejos fantasmas se estaban acercando a la realidad, mientras yo me sentía cada vez más etéreo. Me preguntaba si mientras más cerca estuviera nuestra hija de hallar a su familia biológica, más se alejaría de nosotros. Sin embargo, un padre siempre busca que sus hijos se sientan completos, así como el

Creador concibió esa misma integridad desde el principio. Los padres no pueden apegarse demasiado tiempo a sus hijos o esa relación se debilita y se vuelve infeliz.

Así que mi esposa y mi hija revisaron todo el listado telefónico de Frankfort hasta que creyeron haber encontrado al Williams. correcto. Discutieron acerca de cuál sería la mejor forma de acercarse a aquel hombre y cómo pedirle la dirección de su hija.

En Atlanta, Talitha dijo: "Ustedes llámenle".

Thanne accedió. Pero la llamada no sería fácil. No mentiría para obtener la información. Pero si mi esposa daba pie a una mala interpretación, podía despertar viejos rencores. Williams podría colgar el teléfono y el débil eslabón de la búsqueda se rompería.

Marcó el número.

Contestó una mujer. Ella se había convertido en la segunda esposa del señor Williams. Al parecer era una criatura gentil, sin duda.

—Un segundo.

En breve, el señor Williams estaba del otro lado de la línea:

—¿Sí?

—Creo que mi hija conoció a su hija hace unos años —explicó Thanne.

—¿Sí?

—Pero perdió el contacto y quiero preguntarle si usted sería tan amable de darme su dirección.

Lo que siguió fue, a todas luces, un momento de duda. Entonces el hombre dijo:

—Espere —y puso el auricular sobre la mesa; unos segundos después regresó y dijo—: Mary vive en Dallas —¡Mary!—. Aquí está la dirección —dijo mientras se la leía a Thanne.

—¿Tendrá su número telefónico? —insistió Thanne.

También se lo proporcionó.

Tan pronto como terminó la llamada, Thanne llamó a Talitha para darle la información. Esta vez nuestra hija decidió hacer personalmente la siguiente llamada. Thanne se quedó cerca del teléfono.

Cuando el aparato volvió a timbrar, Thanne lo contestó con emoción.

La voz de Talitha tenía el tono de la desilusión. Dijo: "Ese número de Dallas ha sido desconectado".

Así que hasta ahí habíamos llegado. La búsqueda había fallado.

Y sin embargo precisamente ahí vi la mano de Dios, ya que mientras Talitha visitaba Evansville, donde habíamos vivido antes, en la mesa de té de una amiga encontró una copia del anuario de la Preparatoria Frankfort. Ya que esa amiga también había asistido a Bosse, Talitha le preguntó a su esposo si él había estudiado en esa preparatoria.

—Así es —dijo el hombre.

La siguiente pregunta de Talitha:

—¿Conociste a Mary Williams?

—Sólo de nombre —contestó él—. Iba varios años detrás de mi generación. Su generación se reunió el año pasado y sé de alguien que tiene la lista de sus nombres y sus direcciones.

Y consiguió no sólo las direcciones, sino también los números telefónicos de toda la generación.

Esa noche Talitha llamó a mi esposa para contarle la buena nueva. La chica casi gritaba a través del auricular: "¡Lo tengo! ¡Tengo el número de Mary Williams!"

—Es maravilloso —exclamó Thanne.

—¡Le llamaré ahora mismo! —anunció Talitha.

Thanne, la voz de la razón, le dijo:

—Es medianoche. Llámale por la mañana.

A la mañana siguiente Talitha ya no podía esperar más. Marcó el número. Después de cinco o seis tonos, una mujer con voz ronca respondió:

—¿Qué?

—¿Usted es Mary Williams? —preguntó Talitha.

—Sí. ¿Por qué?

—¿Dio a luz a una niña una noche de enero de 1974?

Siguió una pausa en la que sólo se escuchaba la respiración de la mujer. Entonces preguntó.

—¿Quién habla?

Talitha se aclaró la garganta. Con una voz muy formal, le dijo:

—Tengo razones para creer que yo soy la bebé que usted dio a luz.

La mujer hizo una para sopesar lo que había escuchado. Fue una pausa muy larga.

—Si desea, puedo llamarla después —dijo Talitha.

Mary Williams respondió:

—Siempre supe que llamarías. ¡Simplemente no pensé que me ibas a despertar!

Más adelante, Talitha viajo de Atlanta a Carolina del Norte a conocer a su padre biológico, Carter, que vivía con su madre.

• • •

Así que estamos sentados en una banca de picnic en la base de la Stone Mountain. Cuando le conté por qué le habíamos puesto

Talitha a nuestra hija, Trula me contó que la pequeña nació con el nombre de Cassindra Marie.

Thanne llegó y se sentó a mi lado.

Conforme platicábamos, la viejita empezó a llorar.

—La bebé —dijo ella— me llamó abuela hoy. ¡Mi bebé me llamó abuela! Todos estos años he estado rezando por ella.

Rezaba por su nieta de sangre desde que desapareció en los laberintos oscuros de la burocracia de la adopción.

Cuando conocimos al blanco señor Williams por primera vez descubrimos que era un hombre muy duro. Y sin embargo tuvo que luchar para que no se le salieran las lágrimas cuando le dijo a Talitha: "Tú eres parte de nosotros".

Su esposa lo confirmó al abrazar a nuestra hija.

• • •

Después de todo, no me equivoqué al buscar a los antepasados de Talitha. Mary, su madre biológica, tenía la misma quijada afilada, los mismos pómulos resaltados y la misma forma agresiva de enfrentar la vida.

Y Thanne y yo no somos menos padres de lo que éramos antes.

También Mary es su madre.

Y también Dios su Padre.

¡Ah, qué maravillosas son las heridas y las intromisiones del Señor, cuya gloria nos cubre, especialmente durante los cambios en nuestras vidas!

CAPÍTULO 4

Wally y el temor a la Navidad

En los años cincuenta, el lechero entregaba la leche a la puerta de las casas: llevaba seis botellas en una canasta de alambre, todas con una tapa sobre el cuello. Conforme se separaba de la leche la crema subía hasta tocar la tapa. La crema era muy común en esos días. Igualmente la mantequilla. Pero la mantequilla era muy cara para el presupuesto de nuestra familia. En vez de mantequilla mi madre compraba margarina. Para proteger a los granjeros lecheros, Alberta, Canadá, aprobó una ley mediante la cual la margarina sólo se podía vender en su color original: un color mantecoso y escasamente apetitoso. Un pequeño compartimento con un polvo naranja venía incluido en cada caja. Mezcle este polvo con la margarina; pero no espere que su color se parezca al amarillo de la mantequilla. Nosotros, incluso de niños, siempre podíamos ver y saborear la diferencia.

El lechero traía su carga desde el Boulevard Ada en un vagón tirado por un caballo. Durante el invierno, especialmente, mi madre decía: "Pongan atención para escucharlo llegar". En el frío aire canadiense podíamos identificar el suave tintineo incluso antes de que el vagón diera la vuelta a nuestra calle. Era nuestro trabajo apresurarnos afuera y meter las botellas de leche antes de que la crema se congelara y levantara la tapa, creando una columna de helado de crema.

—Y bien, niños, ¿cómo les va?

—Bastante bien, Señor Crema. ¿Y cómo está usted?

Y así sucedió durante la Nochebuena de 1955, cuando nos reunimos frente a las ventanas principales, en espera de la yegua y su vagón, y del lechero que llegara tintineando hasta nuestra entrada. Mi madre quería deshacerse por un rato de nosotros y de nuestra loca emoción de modo que pudiera hornear sus galletas en paz.

La yegua se acercó caminando a paso lento sobre la nieve endurecida de la calle, esquivando los bancos que se habían acumulado a ambos lados y que ya medían casi dos metros, lo cual significaba que al día siguiente seríamos los reyes de la nieve. El animal llegó asintiendo, sin detenerse, mientras su amo se apresuraba a llegar a las puertas de las casas, dejar su cargamento y volver al vagón. La yegua tenía el lomo cubierto con una frazada. Sacaba columnas de vapor por la nariz. En su barbilla le había crecido una barba de escarcha. Salimos disparados de la casa. El viento cortaba como el cristal. El día era absolutamente perfecto. Reíamos felices.

A decir verdad, eran mis hermanos los que reían. Yo no. El año pasado, mientras abríamos nuestros regalos, mi hermano Paul empezó a sollozar y después lloró a todo pulmón. Yo nunca supe por qué. Así que este año y esta noche temía que algo fuera a quebrantar la felicidad de nuestra celebración. Una emoción muy intensa es peligrosa. Yo sentía cómo progresivamente aquella liga se estiraba hasta el punto del quiebre. Y sólo permanecía en silencio y solemne, observando todo con infinita cautela. Era un adulto a los once años. Porque, ¿qué habría pasado si yo tenía esperanza y la esperanza me fallaba? Mientras más esperanza uno tiene, más vulnerable se vuelve.

Al llegar la hora de la cena, la Nochebuena ya era un negro como si fuera medianoche. Nos bañamos. Tomamos sopa de tomate con las batas de baño puestas. Entonces mis seis hermanos y hermanas corrieron hacia sus habitaciones a vestirse. Yo me peiné con agua del grifo. Nos enfundamos en nuestras chamarras y salimos al coche.

Inmediatamente, mi pelo se congeló y se rompió cuando lo toqué. Nos acomodamos en los asientos de nuestra minivan Volkswagen. Ya que el motor no aportaba mucho calor, nuestro aliento vaporizó las ventanas. Papá dijo: "Respiren por las orejas". Esa era su típica broma de invierno. Finalmente, llegamos y ocupamos un espacio entre la multitud y la intensa luz de la iglesia.

Qué maravillosa sensación. La gente nos recibía con un "Feliz Navidad".

A los niños nos llevaron hasta otro punto de la iglesia para que nos pusiéramos nuestros disfraces. Uy, cuánto se reían con la emoción del momento. Yo no. Reírse es perder el autocontrol.

Entonces, desde el más pequeño hasta el más grande, los niños irrumpimos en el presbiterio. Los más pequeños saludaban a sus papás con sus manitas en el aire. De verdad brillaban, mientras sus padres sonreían y se movían de un lado a otro para verlos mejor.

Yo era Dios. Yo le dije a José que viajara con su mujer encinta de Nazaret a Belén. Un compañero adolescente, desde el coro de la iglesia, hizo sonar su trompeta con el "Coro Aleluya" del *Messiah* de Handel. Tan elegante era la música y tan clara, que me recordó un arroyo de agua cristalina. Estaba conmovido casi hasta las lágrimas. *Casi.* Las contuve como si las hubiese encerrado en una caja de metal.

A cada niño se le dio una bolsa de estraza llena de mandarinas, almendras y dulces. Los adultos, cubiertos con sus pesados abrigos gritaban: "¡Feliz Navidad! ¡Feliz Navidad!"

Papá retrasó el regreso a casa para pasar por aquellas casas de Edmonton cuyas fachadas y jardines habían sido decorados con luces, los tres reyes magos, establos, bestias y efigies de la Sagrada Familia, con fin de magnificar la emoción navideña. Nuestro aliento de nuevo vaporizó las ventanas. Con los guantes puestos intenté limpiar un poco la ventana con los nudillos. Vi un retablo de madera corrugada pintada al estilo de Dickens con gente cantando, todos enfundados en sus abrigos, con orejeras y guantes, sus bocas abiertas y los ojos fijos en el cielo, transportados por una canción. Pero, por supuesto, no producían ni una nota musical. Esto era peor que cualquier cosa. Era peligroso, pues súbitamente descubrí que mi alma sufría y sentía pena por aquellas ficciones de madera y por su lastimosa felicidad.

Ya en casa, papá volvió a retrasarse. Había decorado el árbol con guirnaldas plateadas e iluminado sus ramas con luces de colores para nuestras celebraciones finales.

Nos pusimos las pijamas. Era tradición de mi papá alinearnos a todos, en la cocina, frente a él. La línea empezaba con Dena, la hermana más pequeña, y terminaba con el hermano mayor: yo. Dena juntaba sus manitas y levantaba su cara, que brillaba, angelical, hacia papá. Su pelo le llegaba hasta la cintura. ¡Qué niña tan feliz y tan despreocupada! Sus ojos azules relumbraban.

Papá rezó la oración de costumbre:

Ah, querido Jesús, sagrado niño,
Hazte una cama, suave, sin profanar,
Dentro de mi corazón, que puede ser
Un tranquilo espacio guardado para ti.

Entonces nos guió a la habitación de las celebraciones. Me mordí la mejilla y fruncí lo más que pude el entrecejo: "¡No! No será como debería ser. Nunca lo es".

Papá tomó la perilla y abrió la puerta a la habitación llena de mudas luces de colores. Yo sabía que adentro había siete pilas de regalos, una para cada niño. Dena fue la primera en entrar. Escuché sus gritos de emoción. Y justo ahí encontré a mi madre, sentada en el piso, frente al árbol, con su falda que la envolvía con total perfección, con su cara radiante y riendo feliz.

Dudé. También lo hizo mi padre. Me estaba observando. Y he aquí la maravilla que se quedó grabada en mi memoria para siempre: su mirada estaba llena de una expectativa añorante. Él, igual que yo, había mantenido bajo control cualquier alegría o emoción que sintiera.

—¿Wally? —preguntó.

Y me di cuenta de que su solemnidad había sido por *mí*. Que él también había pasado el día de Nochebuena con la esperanza de que no sucediera nada malo. Y esa, de las promesas a las que mi padre había comprometido su esperanza y su alma, esa era la más importante: que su hijo mayor se suavizara y se sintiera contento.

Si yo me había convertido en un adulto en 1955, entonces, ¿en qué, parecido a un niño, se había convertido mi padre?

—Ven —dijo.

Obedecí. Entramos a la habitación. Las luces de colores iluminaron su cara con rojos, verdes y azules. Y aun así sólo me seguía mirando a mí, esperando a que yo recibiera la Navidad, de manera que sólo entonces él pudiera recibir la suya.

Empecé a llorar en silencio. Y ahora era yo quien miraba a mi padre. Me sentí indefenso, porque ya no tenía ninguna necesidad de defenderme. Estaba contento y no tenía remordimientos, porque, ¿qué era lo que había guardado esta habitación? Mi corazón. ¿Y por qué había tenido miedo? Porque pensaba que me iba a encontrar con un corazón vacío, duro y sin sentimientos.

Pero en mi padre vi el amor con que había decorado esta habitación de Navidad, sin diferencia de cómo lo había hecho los años pasados, excepto que esta ocasión lo hizo con un deseo añorante.

¿Y qué más podía ser ese amor sino Jesús acercándose a mí?

Vean, entonces, lo que encontré en aquella habitación, y en lo que se convirtió mi corazón: un tranquilo espacio guardado para Él. Una nueva Natividad del Señor.

Mi papá se acercó a mí, no con los brazos vacíos, pues los llenó conmigo. Me abrazó, y yo llené mis brazos con él.

Y así, ambos, nos llenamos de alegría.

PARTE 3
La implacable ira entre nosotros

CAPÍTULO 5

Arthur Blas: "¿Quiere echar línea?"

"¿Reverendo?", me preguntó Arthur Bias, quien contaba con no menos de ochenta años de edad y llegó con gran intensidad a mi oficina en la iglesia.

"¿Reverendo? ¿Quiere echar línea esta mañana?

La Iglesia Grace Lutheran era una iglesia dentro de la ciudad. Mis obligaciones eran con mis feligreses como a nombre de ellos. Esta última tarea me causaba una gran ansiedad ya que generalmente me ponía del lado incorrecto con los políticos y con la policía de nuestra ciudad. No me quedaba más opción que confrontarlos, tanto en privado como en público. Dos muy altos policías blancos pasaban el día recorriendo nuestras calles en busca de infracciones menores. Si consideraban que algún adolescente de color los había retado, se bajaban de su auto, con las manos en las cachas de sus armas, y los arrestaban. Más de una vez, el Oficial Alto y el Oficial Más Alto llegaron a mi casa por la noche, tocando la puerta de manera violenta, preguntando dónde se escondía tal ladrón o tal prostituta.

La gente rica generalmente evitaba la avenida Lincoln porque pasaba en medio de lo que llamaban el "ghetto".

Como yo era blanco, y dado que creían que en general tenía los oídos de la gente blanca, algunos feligreses me buscaban para que fuera su voz contra el racismo. Yo intentaba hacerlo. Incluso en las iglesias de blancos era capaz de notar los gestos sutiles, las actitudes inconscientes y los tonos de voz con los que una persona blanca degradaba a una persona afroamericana.

"¡Hey! —respondían algunos cristianos blancos—. Yo no soy racista. Muchos de mis mejores amigos son negros."

En varias ocasiones algún hombre o alguna mujer coléricos me telefoneaban a mi casa, no a mi oficina, y amenazaban con infligirme un daño mortal a mí y a mis hijos.

Durante esta turbulenta época de juicios y tribulaciones el señor Arthur Bias se cruzó en mi vida.

• • •

Te extraño, Arthur, mi viejo y gran amigo. Con tu voz profunda, con el hilo de baba que se escapaba de tu boca, con tu andar lento y con tu prominente abdomen. Te extraño, mi amigo.

Hiciste mucho en tu vida; te uniste a la policía en los años cincuenta y te paseaste por el vecindario desde los sesenta hasta los setenta. Cuando te retiraste, te dedicaste a pescar, pero nunca jubilaste tus historias. Eran la sal de mi vida cuando íbamos a pescar juntos, con tus párpados a medio abrir, con tu mirada perdida en el río, pero recordando desde el río Ohio hasta Kentucky. "Ken-tuk" como lo llamabas tú, cuando contabas tus historias, sin engaños y ni enojos; riendo lo más fuerte que podías.

Practicabas la pesca de fondo, porque asegurabas que era la que menos energía requería. Dejabas que el anzuelo colgara de la línea y pescabas bagres con trozos de tocino o de queso. Las carpas las pescabas con cualquier cosa.

—¿Quiere echar línea, reverendo?

Éramos Huck Finn y Black Jim. Usábamos cañas de pescar de bambú y cubríamos nuestras caras con las orillas de nuestros sombreros de paja. Tú te sentabas en una silla de jardín, que hundía sus patas unos centímetros en la tierra, encendías tu pipa y entornabas los ojos. A veces permanecías en silencio durante largos periodos de tiempo. Yo creía que era el zumbido de los insectos lo que había ablandado tu cerebro a tal grado de somnolencia. El tuyo era un mundo poco complicado y Dios te regalaba aquellas tardes perezosas.

Cuando te dormías, hacías unos ruidos muy curiosos con tu nariz, que era tan grande como una calabaza en verano. Cuando un pez jalaba la línea y despertabas, empezabas a jalar y comenzabas a narrar otra historia.

"Saqué mi revólver sólo unas cuantas veces. Nunca tuve que utilizarlo. Les pedía lo que quería de otros modos. Yo conocía a todas las abuelas de los maleantes. Sí, yo conocía todos los nombres de los adolescentes desde chicos. Les decía: 'Esto lo va a saber tu mamá' y eso los calmaba."

La tuya era una autoridad moral, tanto como la autoridad que imponía tu portentoso tamaño. Primero establecías intimidad. Ya luego hacías relucir tu placa. Y después, frente a un cuchillo de quince centímetros, tu autoridad provenía de sacar tu arma. Un revólver podía vomitar odio y muerte. Pero tú nunca tuviste la intención de jalar el gatillo.

—¿Te digo algo? —decía Arthur—. Aquellos chicos malos y las chicas que mascan chicle me escuchaban. ¡Sí que lo hacían! No importaba si les caía bien —¡Ahmmm!, Arthur entonaba con su nariz—. Si a los que llaman "delincuentes juveniles" yo no le caía bien, ni modo... Pero no me faltaban al respeto.

Arthur Bias hizo del vecindario una comunidad civil. Convirtió el trabajo de un hombre de servicio en una labor de tacto y de benevolencia. La gente rica que evitaba la avenida Lincoln lo hacía por ceguera y por testarudez.

De pronto, mi anzuelo blanco y rojo se hundió bajo el agua. En mi mano sentí la fuerza del pez luchando por liberarse, y dentro de mí experimenté un esbozo de emoción. Jalé la caña, pero lo hice demasiado rápido y se partió en dos.

—Aún eres inexperto — se burló Arthur—. Tienes que aprender, reverendo.

Cuando nos reímos, sus grandes hombros se movían de una forma casi sísmica. Y entonces creí que la tierra se mecía y se reía junto con aquel viejo.

• • •

Una vez, por la noche, llegaron los oficiales Alto y Más Alto a tocar a la puerta de mi casa.

—¿Dónde está tu chico? —ladraron—. ¿Dónde está Matt?

Habíamos adoptado a Matthew cuando aún era pequeño. Era afroamericano. Ya en la preparatoria, seguía violando la regla de llegar a casa a la hora establecida.

—Tranquilo —dijo Más Alto—. Él no está en problemas. Pero la pandilla con la que se junta sí.

¿Pandilla? En esas épocas aún no había pandillas como tales. Sólo aparecerían muchos años después.

—Recibimos una llamada —dijo Más Alto.

—Cierto —confirmó Alto—. Tenemos un testigo que asegura que vio a varios de esos jovencitos, que aún no cumplen la mayoría de edad, bebiendo detrás de la licorería de Doc. Dice que le robaron su vehículo.

—¿Quién dice?

—Información privilegiada.

—¿Quién robó el auto de tu testigo?

—Una persona vestida con una camiseta roja.

Finalmente, los policías arrestaron a tres chicos sólo con base en la sospecha de que uno de ellos era el criminal que buscaban.

Matt llegó a casa sorprendido y asustado.

• • •

Te extraño, Arthur.

Cuando yacías en tu lecho de muerte, en el Hospital Deaconess, no peleaste contra la muerte. Siempre caminaste lento, pescaste tranquilamente, y con esa misma paz esperaste tu final.

De hecho, en lo que más pensabas en esos momentos era en chícharos con mantequilla. Decías que te gustaban más cuando habían sido cocinados con la grasa del tocino y con las salchichas hervidas al punto en que se abrieran.

Durante las semanas previas a que ingresaras al hospital, le escribiste notas a tu esposa. Una sobre la cortadora de césped, en la que le explicabas a Musetta cómo aceitar la máquina, ponerle gasolina y limpiarla después de que el pasto había sido cortado.

Otra sobre el calentador. Otra más sobre el termostato. Y otra más sobre el volante del auto.

Al final, perdiste el interés por los chícharos con mantequilla. También perdiste el interés por cualquier comida. Incluso, por un trago de agua. Ir a pescar durante un cálido día de verano no fue lo que hizo que volvieras a cerrar tus ojos en silencio. Fue la pleuritis.

Musetta me llamó. "Ya no queda mucho tiempo, pastor. Arthur ha empezado a presentar hipo. Puedo escuchar el estertor de la muerte."

Así que fui y te ofrecí la última cena del Señor.

Musetta dijo: "Ya no puede tragar ni deglutir".

Pero yo tenía una forma de darte la comunión. Sumergí mi dedo en el vino y tomé una única gota. La posé sobre un trozo de hostia y con ella toqué tu lengua. Fue suficiente. Me senté junto a tu cama y leí la Primera de los Corintios, el capítulo quince.

Musetta y yo rezamos la oración del Señor. A través de todos tus años, Arthur, la vida para ti fue suficiente. Lo que tuviste, lo que amaste. Lo que no poseías no lo deseabas. Así que, esa tarde, junto al Río de la Vida, aceptaste la promesa del Edén. Y tu amanecer en el cielo fue el Nuevo Jerusalem.

Aún extraño tu convicción, amigo pescador, de que todas las personas merecen confianza, honor e, indudablemente, afecto.

CAPÍTULO 6

Blue-Jack: el martillo de Dios

El hombre portaba el uniforme de soldado. Su pecho era amplio. Su quijada, apretada como roca; su actitud era agresiva, y el color de su piel, el de un gran piano.

—Tú eres blanco —me dijo.

—Lo soy —contesté.

Estaba sentado en un Buick sin mirarme directamente. Su mirada traspasaba más allá del parabrisas.

—Usted no tiene nada que ver aquí —dijo—. ¿Por qué deambula por mis calles?

—Vivo en la calle Chandler —repliqué—. Me dedico a predicar.

—Mmm. ¿No me está mintiendo?

—No —le contesté, y con el dedo señalé hacia la Grace Lutheran—. Esa es mi parroquia.

El hombre se desenrolló y bajó del coche, dejando la puerta del piloto abierta.

—Ha habido una racha de robos en Gum Street, hermano —dijo—. En Eliot, también. ¿Sabe algo de eso?

—Pues no, y me apena saberlo.

—Vea allí —señaló hacia una casa de ladrillos rojos, con marcas recientes de balas de rifle, a sólo tres casas abajo de la iglesia—. Mi novia renta esa casa. Ya le robaron su televisión. No hace ni dos semanas algún estúpido le robó el estéreo. ¿Y yo? Le juré patrullar el vecindario.

El soldado invadió mi espacio personal. Con su amplio pecho y su gran altura me amedrentó. Sentí la boca amarga. Traté de tragar saliva, pero estaba seco.

—Bien —le dije—. Suerte con eso.

—Te veré —gruñó—. Estoy harto de mi mala suerte. Ven aquí —ordenó, mientras caminaba hacia el Buick; yo seguía impávido—. ¡Que vengas!

Obedecí.

—Mira el piso de mi coche.

Las axilas me empezaron a sudar.

—¿Qué ves ahí?

Vi una gran arma en el piso del auto.

—Una Remington Magnum .44 —dijo el soldado—. La llamo Mi Amenaza. Ahora vete y no me digas qué tiene que hacer aquí un tipo blanco. Y no quiero mentiras.

Metí la mano en el bolsillo de mi pantalón y saqué un juego de llaves.

—Aquí está la prueba —le dije—. Puedo abrir la puerta de la iglesia.

Intenté dirigirme a la parroquia para demostrárselo, pero el hombre atajó:

—No le cuesta ningún trabajo a los rateros sacar copias de llaves en cualquier local.

El hombre se agachó y tomó la Magnum.

Yo ahogué un quejido.

Él dirigió el arma hacia cielo y dejó salir un estridente y poderoso ¡Bum!

Justo entonces, Betty Ferguson, la hija de Gloria Ferguson, pasó sobre la calle Gum en un convertible rojo. Frenó frente a nosotros.

—Blue-Jack —le reprochó al soldado—. ¿Sigues jugando con esa arma, muchacho? —luego se dirigió a mí—. Pastor, ¿tiene una hora para platicar conmigo esta tarde? Quisiera desahogar esto que traigo en el corazón.

—Yo... —dije, temblando—. Bueno... Sí, Betty. Puedo verte a las tres de la tarde.

—Muy bien —contestó Betty—. Lo veo pronto entonces, reverendo —y se marchó.

—Qué caray, qué caray —dijo el soldado—. Te salvaste por un pelito. Toma, ¿quieres probar mi Amenaza?

—No, no. Gracias.

El colosal hombre sonrió. Al hacerlo, su rostro adquirió un gesto tan amable como el de cualquier muchacho de escuela

—Así que... — expresó mientras se metía al auto, rebuscando en el asiento de atrás, de donde sacó un maletín negro, que abrió para sacar una flauta—. Présteme diez dólares, reverendo —me dijo—. Le dejaré la flauta en la iglesia hasta que le pueda pagar.

PARTE 4

A los buenos les toca lo bueno; a los malos, lo malo

CAPÍTULO 7

Henry: su dios desde el principio

En la costa del Lago Crawling Stone, al norte de Wisconsin, vivía un hombre que, a la sazón, habrá tenido setenta y cinco años la última vez que lo visité. Lo hice después de que había fallecido su esposa. Su casa era blanca y bonita. La mantenía en perfecto estado por que su naturaleza era ser fastidioso: un hombre muy ordenado pero muy iracundo.

En aquella zona el lago se frisaba contra los pilotes de un pequeño muelle. Las olas mecían el bote de aluminio con su motor Even Rude. Él pescaba. Escamaba lo que pescaba y lo freía o lo asaba, no porque necesitara la comida, sino porque aquel constituía su pasatiempo después de haberse jubilado. Lo llamaré Henry.

Hacía más de una década Henry y su esposa se habían mudado al norte, provenientes de Milwaukee. En aquella época sus días eran felices: ella cuidaba sus flores y leía libros mientras él bebía cerveza oscura y era bueno con las herramientas. A pesar de que sus dedos no parecían tan diestros, lograba poner con destreza la carnada en los anzuelos. Henry podía lanzar su línea en largos bucles sobre los ríos aledaños y obtener salmones o truchas. O paseaba por el lago en su bote, pescando leucomas, lucios, percas y peces luna.

Entablamos amistad cuando aún vivían en Milwaukee. No era de sorprender que ambos me invitaran, entonces, a conocer su casa de Crawling Stone. La esposa de Henry aún vivía. Él mismo me había preguntado si deseaba ir a pescar en su compañía. Creo que disfrutaba el hecho de que yo fuera tan malo en los deportes. En aquellos días Henry era afectuoso, incluso devoto. Él y su esposa atendían una pequeña iglesia luterana en Woodruff. Ella siempre había asistido a misa, así que probablemente lo que persuadió a Henry de acompañarla fue más el amor por su esposa que su amor por Dios.

Recuerdo un amanecer en que el lago estaba totalmente quieto, detenido en el tiempo, y cubierto de niebla. En el bote, nos adentramos a la niebla. Los rayos del sol, al cruzarla, la hacían parecer de color bermellón. Después, cuando se disolvió la niebla, descubrimos un azulísimo cielo azul. El flotador hizo un sonido al ser tirado hacia el interior del lago y no más de tres minutos después se sintió el jalón en el hilo de pesca.

—Primero prepara el anzuelo —me instruyó—. Dale algo al pez para interesarlo, juega con la línea —Henry hizo lo mismo—. Despacio, despacio —me dijo—. Suelta la línea hasta que se tense. Jala y mueve al pez un poco y siempre hacia el bote —una vez más me mostró cómo hacerlo y ordenó—: Walt, consigue la red.

De regreso a su casa, Henry le mostró a su esposa lo que pescamos ese día. Ella sonrió y dijo: "Gracias, Señor, por las cosas pequeñas". Él le devolvió la sonrisa y luego me guiñó un ojo. "Siempre lo hace. Lil siempre dice eso". Nunca olvidé las palabras de esa mujer, que también parecían representar el sentimiento de su esposo.

Durante su segundo año en aquel paraíso, Lillian cayó enferma por cáncer de páncreas. Henry la cuidó durante los meses en que la enfermedad la fue mermando, hasta que murió y lo dejó solo en aquella casa.

Ocho años después, visité a Henry por última vez. Entonces aquel viudo se había convertido en un hombre sombrío, intimidante, siempre con el ceño fruncido y muy irritante.

¿Por qué tenía tanto enojo? ¿Por qué se abandonó a aquella soledad forzada? Quizás por su duelo. Aunque yo creo que siete años constituyen un periodo demasiado largo para sostener un duelo de ese tipo. ¿Distanciamiento? Quizá Henry había amado el ambiente de Milwaukee más de lo que creía, antes de su mudanza. Desde su nacimiento, aquel lugar lo había moldeado, con los ruidos de sus fábricas, el rechinido de los frenos de tantos camiones y autobuses, sus ríos de gente, el olor del diesel, la nieve mezclada con arena y grava… Quizá los bosques del norte le resultaban demasiado prístinos. ¿Podría haber sido que ya estaba viejo y que sentía cercana su propia muerte? Pues no. El corazón de aquel hombre estaba sano y su fuerza no había mermado. Tampoco era pobreza ni alguna añoranza nocturna.

Sin embargo, como descubrí los siguientes días que pasé con él, tenía ira contra los indios.

• • •

Henry jamás había conocido a un indio cara a cara. Nunca le había parecido correcto conocer a alguno en aquella gran ciudad de las costas del Lago Michigan. Ignoraba absolutamente todo lo concerniente a sus derechos, a sus actividades, a sus formas de actuar, a su raza y a su cultura. Y sin embargo estaba seguro de que los conocía y de que podía enlistar todas las transgresiones que había sufrido por su causa.

Empecemos con esto: él no era propietario de la tierra donde se asentaba su hermosa casa blanca, ni del jardín que Lillian había cuidado con tanto esmero, ni de un solo metro del Lago Crawling Stone, ni de los peces que él tomaba del lago. La tierra, el agua, aquel muelle y sus pilotes pertenecían a la Reserva India Lac du Flambeau. Si ellos hubieran querido, los chippewas hubieran podido reclamar todo. Y entonces, ¿qué? ¿Lo hubieran corrido? ¿Lo hubieran enviado de regreso a Milwaukee? Henry había planeado enterrar a su esposa junto a la casa en la que habían sido tan felices. Planeaba visitar la tumba de Lillian cada tarde para demostrarle su amor y su respeto. Se puso furioso cuando le notificaron que los indios se rehusaban a permitir que nadie que no fuera de su raza fuera enterrado en la tierra de aquella reserva. Y su ira se convirtió en odio cuando no le quedó más remedio que enterrar a su esposa con sus parientes en el cementerio de una iglesia luterana en Milwaukee.

Antes de jubilarse, mi amigo había trabajado para la Compañía Cervecera Miller. En consecuencia, siempre había preferido la cerveza sobre otras bebidas alcohólicas más fuertes. Durante mi estancia con él, los domingos yo acudía solo a la iglesia. Un día, a mi regreso, Henry me ofreció una bebida con whisky canadiense. Esa noche me llevó a la orilla del muelle.

—Malditos sean. Otra vez lo están haciendo.

En la otra orilla del lago vi haces de luz que se movían de un lado al otro. Linternas, supuse, cuando vi aquellas estrechas luces reflejándose sobre la superficie de ese tranquilo lago. Escuché botes que chocaban entre sí. El aire transportaba el sonido de voces de hombres que platicaban amistosamente en un lenguaje que no pude comprender. De manera periódica escuché uno que otro chapoteo sobre el agua.

A Henry le hervía la sangre.

—Están pescando con lanzas —ladró—. Es abril. ¡La temporada para el hombre blanco no inicia sino hasta mayo, cuando el leucoma y el lucio del norte ya terminaron de desovar! —Y por si eso no fuera suficiente, mi exasperado amigo chilló—: Y en la noche, ¡Por Dios! ¡Con luces! Eso sería ilegal para mí, pero para los indios...

Regresamos a la casa. Esta vez acepté el whisky canadiense derecho que me ofreció. Henry bebía sorbos de un vaso alto de agua con un solo hielo. Se sentó en una silla muy usada, agachado cual cuervo en la rama seca de un árbol de arce.

Generalmente, la bebida lo convertía en un hombre hosco pero esta vez el whisky lo puso silencioso y malhumorado.

Intenté distraerlo con varios temas, pero no respondió a ninguno. Finalmente, callé.

Entonces Henry gruñó:

—Pero yo estoy listo para cuando vengan.

No me miraba. Sus ojos parecían absortos en sí mismo. Sus párpados y sus mejillas estaban rojas.

—¿Listo para qué? —pregunté.

—Para cuando esos indios vengan a derribar mi puerta. ¡Te juro por Dios que estoy listo para cuando vengan! —masculló y se levantó—. Ven y mira. Te mostraré a lo que llamo *estar listo*.

Fuimos a su habitación.

Buscó debajo de su almohada, de donde sacó una vieja pistola SIG Sauer. Soltó el clip y sentenció:

—Mi P228. Cargada. Esta listá para ellos.

La hostilidad de Henry rayaba en lo religioso. Y también era irracional. A todas sus penas les había dado un único y falso nombre: "indios".

•••

Aunque mi viejo amigo Henry creyera en él o no, el Dios de Lillian también era su Dios. *Ha sido* su Dios desde el principio. Y aún era su Dios, por el divino amor de Cristo Crucificado. Si Henry no podía rezar con los salmistas, yo podía hacerlo. Y lo hice. Y lo hago.

CAPÍTULO 8

Talitha: hazme un favor y muérete

Una casa hecha de improviso generalmente se construye con tres habitaciones contiguas una a la otra. Ya sea que tenga tres habitaciones o más, siempre hay un pasillo que cruza desde la puerta principal hasta el fondo. En una casa así uno podría muy bien disparar un rifle desde el pasillo y nunca tocar una sola pared.

En aquellos días, mi familia y yo vivíamos tan sólo a siete cuadras de la iglesia Grace Lutheran. No tardaba más de quince minutos en ir de un punto a otro, lo que hacía casi cada domingo por mi cuenta. Llegaba a la iglesia alrededor de las cinco y media de la mañana, con el fin de dar un paseo por el santuario mientras meditaba la forma y las palabras del sermón que daría a las diez de la mañana.

Pero llegó un domingo en que un hombre que venía desde Zimbabwe, África —un reverendo de nombre Farai Gambiza—, iba a tomar mi lugar en el púlpito. Ya que fui liberado de mi labor pastoral, permanecí en la casa hasta las nueve de la mañana. Talitha decidió acompañarme durante mi caminata. Bueno, de hecho, caminaba cerca, pero más pegada a la banqueta que a mí. Siempre me ha causado curiosidad que un niño o una niña quieran probar su independencia rompiendo alguna pequeña regla, sin darse cuenta de que muchos niños, y aún más los adolescentes, se consideran únicos por tener la audacia de romper esa regla. Desde esa perspectiva, mi hija, repitiendo el patrón, no sabía que estaba siguiendo a toda una multitud de chicos y que de ninguna manera lo que hacía era algo nuevo ni único.

El clima estaba templado. Había pocos autos. Talitha era una pequeña flacucha. Su tez era color caramelo, mezcla de la piel de su padre biológico afroamericano y de su madre biológica blanca. Cuando Thanne y yo la adoptamos apenas había cumplido once meses. Tenía la cabeza en forma de bombilla, cubierta por un manchón de pelo negro. Sus cejas eran oscuras, su frente ancha y sus pestañas largas y profusas. Sus labios parecían delinear un corazón rosado. Ahora, mi hija consideraba que su cabello estaba "bien", porque ya no era frisado sino suave y lacio. Sus movimientos eran delicados y tenía una piel perfecta. Cuando caminábamos por la calle no tomaba mi mano.

Más adelante se encontraban aquellas casas improvisadas.

• • •

De pronto, de una de aquellas casas provino un gruñido tan profundo que pensé que era de un hombre. Talitha debió haberlo escuchado también. Aflojó el paso y empezó a caminar con precaución. Pero la voz no había venido de ningún hombre. Cuando estábamos a no más de tres metros de la casa, la puerta de tela metálica se abrió de súbito. Un chico salió volando y aterrizó sobre su trasero. Acto seguido, una mujer se paró en el quicio de la puerta, descalza y en pijama. Levantó la mano, dirigió su dedo al pequeño muchachito y le gritó: "¡Hazme un favor! ¡Hazme un favor y muérete!"

Entonces se metió y cerró la puerta de la casa con violencia. El chico se sentó en la banqueta, parpadeando varias veces. Deduje que tendría un año más que mi hija.

Talitha había atestiguado todo el incidente, paralizada, e inmediatamente se dirigió hacia él. No creo que el chico haya visto que mi hija se estaba acercando a donde estaba, porque cuando ella estuvo lo suficientemente cerca, le dijo: "No hay problema". Talitha tocó el hombro del chico. "Puedes venir con nosotros." Él estaba perplejo. Se paró de un salto, pero cuando se dio cuenta de que aquella invitación provenía de una pequeña niña, le apuntó con el dedo y le gritó: "¡Hazme un favor! ¡Hazme un favor y muérete!" y enseguida se echó a correr hacia un callejón.

¿Y yo? Yo quería correr tras el chico y zarandearlo hasta que le castañetearan los dientes.

Pero Talitha me dijo:

—Está triste.

—Triste o no —ladré—, ¡voy a decirle dos que tres cosas a su madre!

—No, papá —imploró mi hija—. Ella también debe estar triste. Quizá no tiene amor.

• • •

Usted ha escuchado: "Amarás a tu prójimo y odiarás a tu enemigo". Pero yo le digo: "Ame a sus enemigos y rece por aquellos que lo persiguen a usted".

CAPÍTULO 9

Karl: la cicatriz en el corazón
de mi anciano marinero

Normalmente realizo la compra de los insumos del hogar los viernes por la noche, después de asistir a una reunión que termina alrededor de las nueve y media. La tienda está casi vacía para entonces y tengo los pasillos para mí solo, aunque *no totalmente* para mí.

Recientemente descubrí a un hombre de edad avanzada en el departamento de verduras, que se rasca la barbilla y se atusa el bigote mientras mira con atención un contenedor con manzanas Red Delicious. Lleva una gorra de béisbol tan baja que las orejas se le doblan. La gorra tiene bordado el nombre "Karl". En la parte trasera de su chamarra hay una imagen de un toro que bufa. Viste unos pantalones viejos y en sus pies lleva un par de tenis increíblemente blancos y nuevos, con la marca a los lados. La expresión de Karl es de añoranza.

Cuando dirigía mi carrito de compras hacia una pirámide de naranjas, súbitamente el anciano tomó el manubrio de mi carrito y me dijo:

—Amigo, ¿tienes un minuto?

—En realidad no —le contesté.

Pero él siguió aferrado al carro como si nada.

—Aleja de mí aquellas manzanas rojas —dijo, y mirando hacia el contenedor succionó sus mejillas y luego las infló—. Esas manzanas me molestan tanto que quiero explotar.

Soltó mi carrito. Tomó una manzana y, como la madrastra de Blanca Nieves, la sostuvo en su mano entre nosotros dos.

—Simplemente quiero explotar —dijo.

Noté que le faltaban dos dientes superiores. Un solo diente inferior entraba en ese espacio. Supuse que estaba enojado porque le gustaban las manzanas pero no podía darles una buena mordida.

No era así.

—Mira. El padre Ender nos llevó a un viaje turístico. Visitamos Etalia, Roma, entre otros lugares. El sacerdote dijo: "No hay forma de ver al papa". Al menos vimos el Vatiquino.

—El Vaticano —lo corregí.

—Sí, hijo, el Vatiquino. Había muchos santos en lo alto de aquella gran iglesia. Pinturas por todos lados: en las paredes e, incluso, en el techo. Pequeñas piedras de color en el piso. Fue muy lindo.

—Discúlpeme —le dije—. Es tarde. Debo irme.

Su mirada tan intensa me hizo quedarme.

—Fuimos a ver algunas partes ruinosas de la ciudad. ¿Qué vi en el camino? Gente vendiendo vegetales. Había locales con techos de lona en las calles. Un hombre podía comprar pequeñas pizzas, baratijas, collares con cruces de Jesús. Y *frutas*. ¡Manzanas rojas y brillantes, tan grandes como melones! —Karl regresó la manzana Red Delicious al contenedor—. Yo saqué un fajo de dinero etaliano y compré, lo juro por Dios, la mejor y más grande manzana de esa montaña. Tres días después iba en el camión hacia el aeropuerto, de regreso a Nueva York, con mi manzana en una bolsa de papel estraza —las orejas del viejo marinero se tornaron rosas mientras su voz volvía a llenarse de ira—. La iba traer a casa, ¿sabes? Para enseñársela a mis amigos de St. Mary. Se me hacía agua la boca. ¡Pero ese tipo! —gruñó Karl—. Estaba sentado junto a mí. Y me pregunta: "¿Qué traes en esa bolsa? ¿Tu almuerzo?" Y como yo estaba ansioso de mostrarle mi gran manzana roja a alguien, la saqué y se la mostré.

La cara de Karl estaba acicalada con grandes bigotes. Se quitó la gorra de béisbol y se enjugó el sudor de la frente con la manga de su camisa. Bufaba y soplaba, bufaba y soplaba.

—No pasó ni un segundo y ahí estaba ese tipo diciéndome: "Almuerzo". Él... simplemente tomó mi manzana y, con un cuchillo portátil, que no sé en que momento sacó, le cortó una rebanada. ¿Me creerás si te digo que se la comió toda? Amigo —dijo—, jamás me he enojado tanto. No, nunca. Le dije: "¡Oye!", pero él siguió devorándola, rebanada tras rebanada hasta que llegó al corazón.

Al parecer, Karl y yo éramos los únicos clientes en la tienda. Él volvió a ponerse su gorra con brusquedad.

—¿Sabes lo que me dijo el tipo?: "¿Para qué es una manzana sino para comérsela?"

• • •

La cicatriz en el corazón de mi anciano marinero había perdurado pues era profunda, a pesar de que la herida había sido infligida de manera rápida y sin alevosía. No tengo la menor duda de que su ofensor olvidó el tema incluso antes de que el autobús arribara al aeropuerto. Para él no había significado nada. ¿Así somos nosotros?

> Sólo donde el amor y la necesidad son uno,
> Y la obra se ejecuta con riesgos mortales,
> Es donde lo hecho se realiza verdaderamente,
> Para el cielo y en nombre del futuro.

ROBERT FROST,
"TWO TRAMPS IN MUD TIME"

(Traducción de Edgar Krauss).

CAPÍTULO 10

Matthew: a los buenos les toca lo bueno; a los malos, lo malo

Cuando Millie, nuestra vecina de la casa contigua, le dijo a mi esposa que no quería que Matthew jugara con su hija nunca más, no lo discutí.

Resulta que la pequeña "Peach", como la llamaban sus padres, era una niña delicada, de esas que parece que se van a romper, de huesos pequeños y de un débil dorado en el pelo. Las venas azules se le translucían a través de aquella piel blanca como leche. Por su lado, Matthew era juguetón, siempre se despertaba con el sol, era estridente y risueño, y una vez fuera de casa. Le encantaba retar a nuestro perro pastor alemán a correr a lo largo de nuestro campo de dos acres. Amaba el pasto, la velocidad y la libertad.

Detrás de la casa habíamos plantado una cama de fresas, tan larga y tan estrecha como una alfombra verde. Cuando las fresas estaban maduras, rojas y regordetas, Matthew, en uno de sus maratones tempraneros, se tiraba de panza en el parche de pasto contiguo y restregaba su carita sobre las frutas. Volaba con las alas del deleite. Nada limitaba sus acciones y su emoción era espléndida. En aquellos días se hacía llamar "el hombre de los seis millones de dólares". A veces, cuando cruzaba la puerta principal, Matthew brincaba desde el sofá y caía en mis hombros cual gato.

Yo deseaba que mi pequeño aprendiera autodisciplina. Por eso no discutí con Millie cuando separó a su hija y a mi hijo.

—¡Ese niño está fuera de control! —dijo.

Y aquello puso a Matthew muy triste.

Me preguntó si podía llevarle un tazón con fresas a Peach.

—No —le contesté—. No creo que ella pueda ser más tu amiga.

—Pero —replicó— entonces ella ya no tendrá un amigo.

Aproveché la oportunidad para enseñarle algo. Nos encontrábamos en el terreno sobre el cual se había construido nuestra casa, un pequeño campo con flores amarillas. De hecho, las flores eran hierbas que habían crecido porque el suelo era alcalino. Sin embargo, el amarillo era muy profuso. Las "flores" me parecían extremadamente hermosas sólo porque mi hijo de tez oscura se encontraba entre ellas.

—Matthew, tienes que pensar primero en las otras personas. Si no lo haces, entonces se alejarán. Camina antes de correr. Piensa antes de actuar. Escucha antes de hablar. Susurra antes de gritar —le dije.

En realidad, dudo que me haya escuchado. Él seguía mirando hacia la casa vecina.

—Es mi culpa —dijo él.

—Quizá la mamá de Peach cambie de opinión en el futuro —le contesté.

• • •

En casa les enseñamos a nuestros hijos la Ley de la Igualdad. Era importante que lo hiciéramos. Un niño egoísta muy probablemente se convertirá en un vagabundo cuando crezca. Enseñamos a nuestros hijos a ser conscientes de los demás o su egoísmo los meterá en problemas.

"Jueguen con reglas —les decíamos— de manera que tengan amigos a los que les agraden y que confíen en ustedes. A los buenos les toca lo bueno —insistíamos—, y a los que son malos, se les revierte lo malo."

Y también les decíamos: "Si quebrantan la ley, el mundo los castigará. Pero si la obedecen, todo irá bien".

Y todo iría bien, si el mundo mismo obedeciera la Ley de la Igualdad.

Nuestros guardianes de la ley no juegan limpio con los adolescentes afroamericanos. Matthew es afroamericano. ¿Qué hará él cuando experimente la desigualdad?

Tampoco los maestros son siempre justos con sus estudiantes, a pesar de que incluso ellos no se dan cuenta cabal de sus pequeños prejuicios. Cuando le preguntan algo a una niña blanca están dispuestos a esperar un tiempo prolongado para obtener su respuesta, porque tienen la esperanza de que dé la respuesta correcta. Cuando esa misma pregunta se le hace a un niño blanco o a una niña negra, no se les concede el mismo tiempo de espera. Pero si han cuestionado a un niño negro, rara vez esperan siquiera un poco, porque no creen que la respuesta que ofrezca valdrá la pena la espera. ¿Y cuál es la consecuencia? No hay razón para que los niños negros aprendan, porque ellos se las pueden arreglar sin aprender. Así que la escuela se convierte en una lúgubre pérdida de tiempo y los exámenes incrementan ese rompimiento porque siempre los reprueban.

• • •

No había pasado ni un mes cuando Thanne me llamó a la iglesia.

—Ven a casa —me dijo—. Ya sé por qué Millie rechazó a nuestro hijo.

—Lo sé: porque es hiperactivo.

—No —había una urgencia en la voz de Thanne—. Sólo ven a casa ya.

No pensé, como Matthew me dijo una vez, "dos pensamientos". Veinte minutos después ya estaba en casa. Thanne me recibió en la cocina. Me contó la historia, sólo para terminar decretando que la verdadera razón de la intransigencia de nuestra vecina era "porque Matthew es negro".

Con la quijada trabada, atravesé nuestro jardín hasta la casa de Millie y toqué la puerta. Ella abrió y sonrió. Me sorprendió su genuina cordialidad.

—Reverendo Wangerin —me saludó—. Pase. Prepararé un poco de café.

La seguí dentro. Me ofreció una silla y me dejó solo un momento. Entonces regresó, se sentó y entrelazó sus manos.

—Dígame, ¿qué lo trae por aquí?

—A decir verdad —le dije—, quisiera hablar sobre mi hijo.

—Oh —contestó Millie, con una especie de tristeza conspiradora—. Es muy triste, ¿verdad?

—Sí —le contesté.

—Muy triste para los pobres niños negros. Sus vidas deben ser muy difíciles. Ya sabe, finalmente los orillan al alcohol, a robar y a todo eso. Yo también siento pena por ellos. De verdad.

—Pero, ¿no comprende que gente como *usted* es la que les hacen la vida difícil? ¡Mi hijo es muy joven para sufrir por los prejuicios de los demás! ¿Por qué lo alejó de su hija?

—Pero ¿no lo sabe, reverendo Wangerin? —cuestionó, chasqueó la lengua y movió la cabeza con desaprobación—. Porque los negros y los blancos no se mezclan.

PARTE 5

Las pequeñas cosas

CAPÍTULO 11

Diane: ¿Qué sucede si no puedo perdonar?

Son las pequeñas cosas.

Hace mucho tiempo, acostumbraba manejar de manera agresiva. Eso asustaba a mi esposa. Como si hubiera un pedal de freno en el lado del copilota, Thanne metía el pie cuando yo respetaba la luz roja del semáforo. Si estaba esperando durante el alto, pero sólo había un auto delante de mí, y si aquel conductor dudaba unos segundos después de que la luz pasara a verde, caray, me pegaba en la bocina: "¡Maneja, bobo! ¡Despierta y arranca!"

Dejar pasar a algún idiota que se me atravesaba en una calle de doble sentido me ponía iracundo. Incapaz de perdonar, castigaba al idiota siguiéndolo y manteniendo la mínima distancia entre nuestros autos. Thanne gritaba entonces: "¿Qué pasará si se detiene? ¡Nos vas a matar! Tenemos tiempo suficiente para llegar a nuestro destino. ¿Cuál es tu prisa?" Ni siquiera le contestaba, pues se me trababa la mandíbula. ¡Walt, el Rey del Camino! ¡Soberano de las Calles! ¡Monarca de las Autopistas! Nunca dediqué un momento a pensar si quien conducía era una mujer de edad avanzada. En lo que a mí concernía, durante aquellos días los hombres jóvenes eran mis adversarios favoritos. Al final del viaje, Thanne terminaba enojada conmigo. Yo enfrentaba su enojo con un silencio forzado.

Fueron esos pequeños pecados los que causaron que cometiera mis propios grandes pecados.

· · ·

—Cuando yo tenía doce años —me dijo la mujer al otro lado de la mesa—, mi padre empezó a dormir conmigo.

Dormir conmigo. Había usado la frase bíblica como si estuviera ataviada con un vestido negro estilo victoriano, de cuello alto, largo hasta los tobillos. En lugar de eso, sus ropas eran veraniegas: *shorts* y una camiseta teñida.

—Vivíamos en una casa muy grande y muy vieja —me contó—. Tenía tres espaciosas habitaciones; tan espaciosas que nuestras voces hacían eco. Yo me sentía muy pequeña en aquella época. Tenía tres hermanos. Dos de ellos tenían cuatro y cinco años más que yo. El tercero era cuatro años mayor.

Llamaré Diane a esta mujer. Nunca la había conocido.

Yo predicaba en Holden Village, un viejo pueblo minero inmerso en lo alto de las Montañas Cascade, en Washington. Para esa ocasión, había escogido el tema "Las mujeres silenciosas del Viejo Testamento".

Una: Lea, la primera mujer de Jacob, quien sufrió las indignidades del amor de su esposo por su hermana. Dos: La hija de Jefté, quien padeció las consecuencias del mal concebido juramento que hizo su padre, quien prometió sacrificar a toda criatura viviente que encontrara cuando regresara a casa victorioso, ya fuera un borrego, una cabra o una ternera. Pero fue su hija la que salió a darle la bienvenida. Y aunque le causó un gran dolor, Jefté mantuvo su promesa: sacrificó a la niña. Tres: Tamar, la hija del rey David, quien fue violada por el hijo mayor de David.

Cuando hablaba de Tamar, Diane levantó la mano, como una niña en la escuela.

—Tamar era hermosa —dijo—. Lo entiendo. Pero ¿qué quiere decir cuando afirma que vestía una túnica con mangas largas? ¿Por qué las mangas?

—¿Recuerdas el abrigo de muchos colores de José? Tenía mangas largas. Eran un signo de su superioridad, a los ojos de Jacob, su padre. Pues bien, las hijas vírgenes del rey David demostraban su superioridad al usar mangas. Tamar era virgen y vivía en el palacio del rey. Ya podrás imaginar cuánta desolación le causó aquel ultraje.

—¿Desolación? —preguntó mi interlocutora.

—Sí. *Desolación* significa humillación. Rechazo. Abandono.

Diane se acercó a mí.

—Es mucho más que humillación —dijo—. Es culpa. La niña que ha sido violada cree que lo que le pasó es *su* culpa. Y, peor que ser abandonada por los demás, se abandona a sí misma.

Diane se relacionaba fácilmente, aunque tenía un aspecto desaliñado. Su playera teñida estaba limpia pero arrugada. Era una mujer totalmente inconsciente de sí misma, aunque era amigable y tratable. No obstante, después de la plática, cuando la encontré sentada en la mesa del comedor, no estaba sonriendo. Su mirada denotaba introspección y tristeza.

Me dijo:

—Toda nuestra casa estaba pintada de blanco. Sólo tenía algunos detalles en color beige. La gente podría decir que era elegante; por fuera, quiero decir. Su interior no.

Diane me caía bien. Su tez era almendrada. Sus ojos cafés titilaban cuando se reía. Pero ahora estaban ensimismados y oscuros. Oscuros de sabiduría, pero oscuros. ¿Quizá tenía treinta años? Nunca se había casado.

Me sorprendió que tuviera tanta confianza en mí. Yo nunca la había visto y sin embargo me tomó como consejero. Bueno, como un pastor, supongo, a quien podía revelarle sus asuntos privados.

—La peor desolación podría derivarse de que Dios también ha abandonado a quien ha sido violado —dijo.

—¿Tomamos un café? —le pregunté.

El comedor de Holden siempre tenía dos cafeteras llenas y calientes. Me pareció que en aquel momento Diane podría terminar de contarme su historia. Creo que la estaba pasando mal. No obstante, temía que se sintiera forzada a confesarme lo que la estaba agobiando.

Sin embargo, cuando regresé con dos tazas de café, me dijo:

—¿Por qué sé estas cosas? Mi padre durmió conmigo cuando yo tenía doce años, noche tras noche, hasta que cumplí dieciséis.

—Ay, Diane, entonces fuiste tú quien conoció el abandono. Incluso por parte de Dios.

—Así lo pensé.

—¿Estás segura de que quieres hablar de esas cosas?

Ella tenía la mirada fija en su taza de café. Después, sin levantar la vista, continuó con su narración:

—Tenía dieciséis años. No pasó mucho tiempo después de lo que hizo mi padre para que mis hermanos entraran a mi habitación por la noche con las mismas intenciones.

Quería tomarle la mano.

Le dije:

—Recuerda lo que Jesús le dijo a sus discípulos: "Siempre estaré con ustedes, hasta el fin del mundo". Escúchame, Diane. No cabe la menor duda de que había mujeres discípulas en aquella montaña, junto con los doce apóstoles. María Magdalena, Joana, Susana.

Diane contestó:

—Está bien, lo sé.

—La violación *nunca* está bien.

—No; quiero decir que está bien que yo le cuente estas cosas.

—Tu café se está enfriando.

—La primera vez que mi padre durmió conmigo, en mi cama, podía oler su sudor. Gemía. Yo creí que estaba enfermo. Y pensé que estaba llorando. Pero entonces se montó sobre mí. Me lastimó, se levantó y salió de la habitación. Sin mediar palabra. Durante cuatro años nunca dijo una sola palabra sobre lo que ocurría en las noches. Llegaba, hacía lo suyo y se iba. Muchos años después, el olor de los hombres, incluso si sólo se cruzaban conmigo en la calle, me provocaba unas intensas ganas de llorar.

Entonces tomé la mano de Diane. Ella no hizo nada por evitarlo.

—¿Quién estaba allí a quien pudiera contarle lo que estaba sucediendo? —murmuró—. Mi madre me lavó la boca con jabón. El pastor y toda la gente del pueblo respetaban a mi padre.

Los ojos de Diane parecieron perderse en algún punto más allá de aquel salón. Hablaba con la inocencia de una chiquilla.

—Cuando él entraba a mi habitación por las noches, yo intentaba salir de mi cuerpo e imaginaba que estaba en otro lugar: la librería de la escuela, donde me gustaba leer libros como *La pequeña casa en la pradera* —Diane levanta la mirada hasta encontrarse con la mía—. Walt, escuche esto. En esos días yo tenía el pelo largo y brillante. Mi mamá acostumbraba tararear algunas melodías cuando me cepillaba. Mi padre solía acariciar mi cabello. Pero cuando mis hermanos… —Diane hace una pausa, toma un sorbo de café, que ya está frío, coloca la taza sobre la mesa y continúa—. Me corté el cabello en mechones… Algunas secciones de mi cabeza quedaron calvas… Todos esos años le rogaba a Jesús: "Ámame, ámame, ámame".

Nuestras manos seguían entrelazadas sobre la mesa.

—¿Jesús respondió a tu plegaria? —le pregunté.

—Pues… —dijo.

A las tres en punto de la tarde comenzó a llover. En algún tiempo, Holden fue un pueblo minero. Los relaves de cobre aún seguían amontonados en la periferia del poblado. La lluvia que caía era demasiado ligera para que las aguas del río crecieran, aunque éste se había desbordado una o dos ocasiones en el pasado.

—Nunca nadie mencionó el secreto en nuestro hogar. Fui abandonada y rechazada en el seno de mi propia familia —continuó.

Soltó mi mano, inclinó la cabeza para escuchar la lluvia que repiqueteaba contra el cristal de la ventana.

—El verano anterior a que mi hermano menor ingresara a la universidad, el año en que yo me graduaría, Teddy me llevó a un viaje a lo largo del país en su viejo coche. ¿Le comenté que vivíamos en Gig Harbor? Bueno, cuando llegamos a Penrose Park, Teddy se estacionó al lado de la carretera y apagó el motor. Se quedó ahí inmóvil, con las manos en el volante y mirando más allá del parabrisas. Después de un rato, me dijo: "Recuerdo las veces que papá te visitaba en tu habitación por las noches". Mi corazón se detuvo. ¡Él lo sabía! ¡Siempre lo había sabido! Agregó: "Ay, Diane, lo siento. Siento mucho no haber hecho nada. Siento no haberle dicho a nadie lo que estaba ocurriendo". Entonces lidié con dos sentimientos. Por un lado, pensaba: "*¿Qué pudo haber hecho él? Tenía diez años...*" Por el otro, me sentía tan enojada que quería abofetearlo. Él siguió: "Odié a papá entonces. Lo sigo odiando". ¡Walt! —dijo Diane—. ¡Entonces me di cuenta de que lo ocurrido *no* había sido mi culpa! Y me rehusé a hablar una sola palabra más con Teddy, hasta que se fuera a la universidad. Pero enfrenté a los demás en mi casa: a mi padre, a mi madre, a mis dos hermanos mayores. Le di voz a esa pequeña niña a la que habían lastimado. Y los dejé para que se consumieran en su propia sopa de pecados. Jamás regresé a casa. Días de Acción de Gracias, Navidades, Pascuas, todo eso podía irse al caño. Después de que me gradué, conseguí un trabajo como maestra en una escuela primaria de Seattle. Pero algo seguía molestándome e inquietándome, aunque no sabía qué era.

Hasta ese momento, ya llevábamos tres horas en el comedor. Los cocineros del pueblo habían empezado a trabajar. El olor de la comida hizo gruñir mi estómago.

Generalmente Holden servía comidas sin carne, con excepción de un día a la semana, cuando los cocineros asaban salchichas *bratwurst* y *frankfurter* en el patio. Esa noche servirían lentejas. Diane continuaba hablando. Me sentí culpable por distraerme.

Diane prosiguió.

—Iba a misa en Seattle. Viejos hábitos, supongo. Después de los servicios religiosos el pastor hacía lo que hacen todos los pastores: se paraba en la puerta de la iglesia para estrechar las manos de los fieles. Un domingo se apresuró a bajar del altar hasta llegar a donde yo estaba para estrechar mi mano, y la mantuvo aprisionada unos segundos de más de la cuenta. Mi reacción fue retirar mi mano, pero él me sujetó con tanta fuerza que no pude soltarme. Me preguntó qué sucedía. "Nada", le respondí. "¿Nada? —inquirió—. He visto cómo te sientas y te haces pequeñita en la última fila. Y he visto cómo huyes después del cántico final." No sé. Quizá fue la gentileza que proyectaba su voz. O que hubiera podido leer entre líneas lo que me ocurría. Algo se derritió dentro de mí y mis ojos se llenaron de lágrimas. Me dijo: "Te visito mañana?" "No, me parece muy invasivo —le contesté—. Yo iré a verlo a su oficina." E hice justamente eso, asegurándome de llevar un pañuelo. Él dijo: "Te llamas Diane, ¿cierto?" Yo asentí. Sus estantes estaban llenos de libros. Me invitó a que tomara asiento. ¿Sabe lo que me dijo entonces?: "Diane, me recuerdas a Ofelia" ¿*Ofelia?* Aquella era una manera extraña de iniciar una conversación. Entonces se explicó: "Hay una escena en la tragedia de Shakespeare, cuando Hamlet peca en contra de Ofelia. Quizá no recuerdes el libreto de *Hamlet*. Yo sí. Se me quedó grabado en la mente. Hamlet le dice a Ofelia: 'Yo te amé alguna vez'. Y Ofelia le responde: 'De hecho, mi señor, usted me hizo creerlo'. Entonces Hamlet la interrumpe: 'Usted no debió haberme creído. ¡Yo no la amaba!'" Yo empecé a leer los títulos de los libros ordenados en los estantes del pastor y entendí por qué podía ofrecer un sermón tan elegante. Una fila completa de Shakespeare, *El paraíso perdido* de Milton, *El templo* de George Herbert, *La copa dorada* de Henry James y *El progreso del peregrino*. Los clásicos. Walt, cuando fui por primera vez a la oficina del pastor estaba lista para lo que viniera. Si me culpaba, o si acaso percibí el leve aroma de sudor de hombre, estaba lista para saltar y salir corriendo de ahí. Pero aquel hombre había leído más de lo que yo jamás había leído. Me fascinó. Dijo: "El año pasado vi una extraordinaria producción de *Hamlet* en Londres. Nunca había visto lo que los grandes actores pueden lograr. Incluso cuando Hamlet reprende a Ofelia, la actriz comunicaba el dolor y la pena que le causaban sus palabras. '¡Vete a un convento!', gritaba el actor que interpretaba a Hamlet. '¿Por qué habrías de ser tú una engendradora de pecadores? Toma tu camino. ¡Vete a un convento!' Escucha Diane: es la expresión de Ofelia la que me ha hecho pensar en ti".

A las cinco de la tarde el sol se colaba entre las nubes pletóricas de lluvia. Debe haber algún arcoiris por algún lado, pensé. Los cocineros habían terminado de preparar la cena. Los meseros ya alistaban las mesas. Me crispaba el sonido de la loza y los cubiertos. Pero Diane no parecía prestar atención a eso. Seguía hablando.

—El pastor se tomó su tiempo para encender una pipa. Creo que me estaba dando tiempo para considerar lo que me había dicho sobre Ofelia. Entonces dijo: "Estás dolida, Diane. La pena que veo en ti me hace creer que hay alguien a quien aún no has perdonado". "Estaba muy cerca de la verdad —le dije— y ahora ha dado en el blanco." ¡Dios mío, claro que sí! ¡Había personas a las que no podía perdonar! El pastor respondió: "Permíteme contarte un poco más sobre Ofelia. Incluso mientras Hamlet anda dando tumbos, Ofelia reza: 'Oh, ayúdenlo, dulces cielos' Y sigue rezando: 'Oh, poderes celestiales, restablézcanlo'. Diane, me parece que aún no has alcanzado esa parte: perdonar". "Pero —le contesté—, ¿qué sucede si *no puedo* perdonar?" (Aquí pude notar cuánto le costaba a Diane perdonar.) "No tienes que hacerlo", replicó él. Y esto, Walt, es lo que me hizo libre. El pastor dijo: "Perdonar es un regalo gratuito. Proviene del Señor Jesús Crucificado. Escúchame bien. Esto es muy importante. Si te fuerzan a perdonar, si las iglesias te obligan a que perdones a alguien, entonces lo que prescriben se convierte en una ley que debe ser obedecida. Y así perdonar no es un acto libre. ¿Te das cuenta? Yo no dudo que quien pecó contra ti necesite tu perdón. Pero *él* es quien desobedeció las leyes de Dios. Así que déjalo a *él* ir directamente a la fuente de gracia. Déjalo a él ir a la cruz, caer frente a ella y confesar su pecado".

Los meseros ya habían arreglado las mesas del comedor. La campana que anunciaba la cena sonó. La gente llegó platicando, riéndose, buscando una mesa. ¿Y mi amiga Diane? Pues bien, había sufrido una transformación. Sus ojos titilaban de nuevo.

Se relajó en su asiento y dijo:

—Comprendes? No fue el *deber ser* lo que me hizo libre. Era una buena maestra antes. Ahora que fui liberada también puedo ser una maestra cariñosa —se acercó a mí y concluyó—: Sólo hay una cosa más. La mañana del 23 de diciembre, nunca olvidaré esa fecha, me levanté con el corazón tan ligero que me sentía como una pluma que se deja mecer por el viento. Y sabía por qué: ¡porque había finalmente perdonado a mi familia! ¿Pudo haber sucedido eso mientras dormía? ¿Por qué no? Incluso *eso* es un regalo.

• • •

¡Qué pequeños son los pecados cometidos en mi contra! Yo, el agresivo e implacable Rey del Camino. Y, sin embargo, qué grande fue *mi* pecado. Me faltaba la gracia de Jesús. ¿Acaso no había escuchado con el corazón el llamado de san Pablo?: "Vestíos, pues, como escogidos de Dios, santos y amados, de entrañable misericordia, de benignidad, de humildad, de mansedumbre, de paciencia; soportándoos unos a otros, y perdonándoos unos a otros si alguno tuviere queja contra otro. De la manera en que Cristo os perdonó, así también hacedlo vosotros Y sobre todas estas cosas, vestíos de amor, que es el vínculo perfecto".

Consideren la historia de Diane, una y otra vez.

¡A la cruz, Walt! Arrodíllate. Confiésate.

CAPÍTULO 12

Mary: un abrazo tan sagrado como el océano

Hace mucho tiempo, querida Mary, en una de las salas del aeropuerto de San Francisco, te regañé de manera tan dura y con una voz tan alta que los viajeros se nos quedaron mirando. Era la Semana Santa de la primavera de 1987.

Tú eras mi hija, tenías catorce años. Yo era tu papá, a mis cuarenta y tres años, reprendiéndote hasta que, en aquel lugar público, bajaste la cabeza. Tu cabello cayó como un velo sobre tu cara. A pesar de que no pude verlo, te escuché. Estabas llorando.

• • •

La iglesia Grace Lutheran era pequeña y se encontraba en el interior de la ciudad; sin embargo, habíamos logrado crear un gran coro con más de cuarenta miembros. Lo llamamos: Los Sonidos de la Gracia. El coro estaba integrado por jóvenes, la mayoría adolescentes y estudiantes de preparatoria. Un cierto número de adultos nos acompañaba cuando viajábamos, desde

Florida hasta Texas, y a través del medio oeste, hasta Colorado, Nueva York, y también Canadá. Y ahora, a California.

Las iglesias que aceptaban nuestra solicitud para ir a cantar para ellos, supongo que esperaban un coro de cinco o seis personas a quienes alentarían con sonrisas y con frágiles aplausos. Pero los miembros de las comunidades se quedaban sorprendidos cuando Los Sonidos de la Gracia finalmente cantaban. Así de buenos eran. Nuestro programa era dramático. Actuábamos como si estuviésemos en el teatro. Entre una canción y otra yo contaba historias. A veces empezábamos en la parte trasera del santuario e íbamos avanzando conforme comenzábamos a cantar. O nos movíamos en varios grupos. Un solista podía sorprender a la congregación al cantar desde un balcón... Hacíamos ese tipo de cosas.

Timmy Moore tenía una voz de tenor tan fuerte y tan reconfortante que hacía levantar a la gente desde sus asientos. Dee Dee Lawrence podía elevar la voz hasta cuatro octavos. Era un verdadero pajarillo. Y el soprano de Gina Moore era un verdadero gozo.

Aterrizamos en el Aeropuerto Internacional de Los Ángeles el sábado previo al Domingo de Palmas. Nuestro primer concierto se llevaría a cabo la tarde de ese día en la iglesia Lutheran African American, en Inglewood, pero habíamos llegado muy temprano y nos sumamos a la veneración, junto con la congregación, desde la mañana del domingo. Con excepción del pastor, que era blanco, y cuyo nombre era Jim Lobdell, los miembros de la iglesia eran de la misma mezcla de color que la de los integrantes de nuestro coro. Lurena y Michelle eran panteras negras brillantes, Dee Dee y Timmy tenían un oscuro avellana, y el de Tony se asemejaba a las plumas de un tordo.

El reverendo Lobdell empezó a predicar con tono bajo y gentil. Sin embargo, conforme pasaban los minutos, su voz se alzó hasta alcanzar la intensidad de un apóstol. Gloria Ferguson, que estaba sentada junto a mí, me dijo: "Oh, me hace estremecer hasta los pies".

Muy pronto, la gente ya le contestaba: "¡Oh! ¡Amén! ¡Aleluya!" Entonces Lobdell empezó a cantar. Antes de terminar el primer verso, la iglesia completa ya se le había unido, aplaudiendo y meciéndose al son de la música.

"Descansen —propuso el reverendo—, porque esto va a durar un rato." Y sí que duró. Cantamos durante dos horas, con un espíritu tan genial que nadie deseaba estar en ningún otro lado. Cantamos uniendo nuestros corazones a los de ellos y el de ellos a los de nosotros.

La iglesia de Inglewood se convirtió en nuestro hogar. La Sangre del Señor nos hermanaba y nos convertía en familia. ¡Amén, padre! ¡Alabado sea el Señor! ¡Aleluya!

• • •

Los lunes por la mañana, empezaba su travesía Los Sonidos de la Gracia. Una caravana de ocho minivans rentadas se enfilaba por la autopista costera hacia el norte, con el azul del Pacífico a nuestra izquierda y la campiña a nuestra derecha. Timmy Moore emitió un chiflido por lo bajo.

El lunes en la noche ofrecimos un concierto en Oxnard. Y el martes en la mañana ya íbamos de nuevo viajando entre las colinas. Las orillas del mar estaban ribeteadas de espuma blanca. Grandes piedras negras brillaban en el agua. Las olas chocaban unas contra otras, como si estuvieran aplaudiendo. Y aquellos acantilados de tierra roja parecían cobrar vida y simulaban caballos galopando.

"*¡Qué maravilloso es tu nombre, Señor!* ¡Qué maravilloso es tu nombre!"

Tres noches después, en San Francisco, Los Sonidos de la Gracia presentaron su último concierto.

—Tengan listas sus maletas. Partiremos a las siete de la mañana —les dije a las cuarenta voces—. Debemos regresar las minivans y estar a las ocho y media de la mañana en el aeropuerto.

• • •

En la terminal perdiste tu boleto de avión, Mary.

¿Qué tiene el poder de aniquilar en un segundo la grandeza del Creador? ¿Una gran malevolencia? ¿Una maldad monstruosa? No. Las cosas sencillas y banales. Los pequeños berrinches que hacemos por sentirnos superiores. La simple falta de fe.

Yo vi tu boleto entre los pies de la multitud. Pero no te vi a ti. Y todas las geniales congregaciones que habíamos tenido en California de pronto ya no valían nada. Me puse rojo del coraje.

Bueno, Vicky Tyus ya había perdido su boleto antes que tú. Ya había perdido un buen rato en el mostrador de Delta verificando que tu nombre apareciera en el monitor. Luego se formó una multitud de adolescentes que corrieron a saludar al actor Danny Glover, pidiéndole autógrafos, y entonces allí descubrí tu cabeza con tu pelo dorado. Intenté caminar entre aquella aglomeración. Ahí estaba tu boleto en el suelo, pero tú habías desaparecido. Faltaban diez minutos para abordar y yo estaba desesperado. Por Dios, temía perder una hija en California.

Finalmente, apareciste saliendo del baño, con tus mejillas rosadas y contenta... Y yo perdí el control. Sin importarme toda la gente que hacía fila, te reprendí como un sargento del ejército, con breves y sonoros ladridos. Tú bajaste la cabeza y comenzaste a llorar. Ya desde tus catorce años, Mary, eras propensa a llorar cuando a la menor provocación. Lo siento. Lo siento mucho. Debí haber echado a perder tu Semana Santa. La mezquindad puede ser fatal.

Pero escucha la gracia de Dios. A pesar de que el pecado puede cancelar la hermosa costa de California, del mismo modo el perdón puede restaurarla. El perdón no es sino re-creación.

Una vez que el avión había alcanzado su estabilidad en el vuelo, fui a buscarte. Me hinqué junto a tu asiento y confesé mi pecado. Te había lastimado. Y ahora tus lágrimas me lastimaban a mí.

Pero fuiste tú quien propició la curación. Volteaste y me abrazaste. ¡Ay, criatura de Dios!, pegaste tu mejilla a la mía y el océano volvió a su lugar. La semana volvió a ser santa de nuevo.

PARTE 6
Persiguiendo a los ladrones

CAPÍTULO 13

Lucian: una historia de pastores y rateros

El sistema de aguas residuales de la ciudad que rodea a la iglesia Grace Lutheran era verdaderamente viejo. Una discreta lluvia de verano inundaba las calles de Gum, Eliot, Lincoln, Garvin, Governor... con pequeños lagos. La iglesia estaba situada en una pequeña colina, que lograba mantenerla a salvo de lo que parecían las lluvias de los cuarenta días.

Era mayo de 1985, a las ocho de la noche en punto, cuando una tormenta memorable pegó con la brusquedad de la mano de Dios. El primer relámpago ocurrió mientras yo daba una clase de confirmación de adultos en el sótano de la iglesia. El cielo relampagueó, luego vino el estruendo del viento y después la fuerte lluvia. Había ocho adultos en mi clase y todos volteamos a vernos con sorpresa.

"¡Debemos irnos!"

Afuera, como luces estroboscópicas, los impresionantes relámpagos nos deslumbraban mientras caía la lluvia y ya se empezaban a formar grandes encharcamientos, de tal magnitud que ya cubrían la mitad de las llantas de los autos.

Lucian Snaden era un joven alto y musculoso. La mayoría de los miembros del grupo de confirmación logró encender sus autos, manejando con precaución y dejando atrás grandes V en la calle inundada. Una anciana no pudo llegar a la puerta de su auto. Lucian y yo empujamos su vehículo a un lugar más alto para que pudiera subirse. Finalmente, él y yo nos quedamos parados, solos, bajo el techo del porche de la iglesia. Él estaba esperando a su madre. Yo le estaba haciendo compañía. Entre los relámpagos, se mantenía débil la única luz del porche, un débil haz anaranjado.

Al otro lado del edificio de la Grace Lutheran había una pequeña casa de ladrillo, separada de la iglesia por una estrecha acera y un porche de concreto. Muchos años antes, la casa había sido una casa parroquial, que ahora era utilizada como oficina para mi secretario y para mí; contaba con una cocina, un área de trabajo y una habitación con estantes para mis libros.

En el otoño anterior, y también en el invierno, la iglesia había sido robada. Los ladrones se llevaron el candelero de plata y, después, el teclado eléctrico, por lo cual optamos por guardar todas las cosas de valor en aquella casa.

El cielo seguía a cántaros. Conté, en alto, los segundos. "Uno, dos..." El rayo que siguió no podía haber caído a más de tres kilómetros.

Lucian y yo estábamos preparados para desafiar la lluvia en cuanto identificáramos el auto de su madre acercándose. Él se mantenía ecuánime. Ni el viento ni el clima parecían molestarlo. Era un hombre de silencios. Hice un comentario sobre nuestro terrible sistema de alcantarillado. Él se quedó mirando la lluvia y no dijo nada.

De pronto, en el intervalo entre dos rayos, escuché que el vidrio de la ventana trasera de la iglesia se rompía. Lucian permaneció impávido, pero yo me apresuré a echar un vistazo. Si una rama del árbol había golpeado la ventana, la lluvia se colaría y echaría a perder las cosas que mojara. Pero no había sido una rama. ¡Era un ladrón que desde el viejo porche de la casa parroquial había roto el vidrio de la ventana! La sangre se me subió a la cabeza. ¡Qué acción tan estúpida! ¿Qué no había visto las luces de la iglesia encendidas? ¿No había visto que había gente en el sótano?

Le grité:

—¡Oye!

El hombre liberó su brazo del vidrio roto y se irguió.

En ese instante resplandeció otro relámpago. El ladrón era un tipo pequeño y flacucho, con los ojos grandes. Estaba asustado. Se había lastimado el brazo y sangraba. ¡Yo tenía ventaja!

—¡Mírame! —le grité—. ¡Quiero memorizar tu cara!

¡Boom! Los labios del tipo esbozaban alguna vocal.

Salté hacia el porche.

Él se dio la vuelta y saltó hacia el césped.

Corrí tras él, súbitamente vigorizado por la persecución.

El pasto estaba mojado, por lo cual resbaló y cayó sobre su abdomen. El agua lo hizo deslizarse sobre el pavimento. Como pudo, se levantó y siguió corriendo.

—¡Oye! —volví a gritarle.

La luz de otro relámpago volvió a alumbrar la oscuridad y pude ver que ¡sólo era un niño! Tenía las piernas flacas y estaba aterrorizado. Me sentí superior.

Lo tacleé. Puse mi mano derecha sobre su pecho, dominándolo.

¡Boom!

Levanté mi brazo izquierdo y apunté hacia el cielo.

—Eso —le grité—, es para *ti*. El Señor está diciendo: "¡Vete de mi iglesia y no vuelvas nunca más!"

Creo que lo escuché musitar: "Por favor..."

¡Boom!

—¡Es la voz de Dios enojado!

El pequeño se escabulló, dejé que se fuera ir y me levanté.

Entonces, yo, el Héroe Conquistador, regresé adonde estaba Lucian, bajo el techo del porche de la iglesia.

—¿Sabes qué acabo de hacer? —le pregunté.

Lucian me sobrepasaba en estatura una cabeza y yo no era nada atlético. ¿Pueden imaginar el orgullo con el que le conté lo que había ocurrido, describiéndole con detalles al adversario que acababa de vencer?

Lucian respondió estoicamente:

—Lo conozco.

—¿A quién?

—Al chico. Su mamá lo llamaba Centurión. Nosotros lo llamamos Centavo. Ahora su madre le dice Cinco Dólares, porque es el único que la cuida. Son pobres. Ella no puede comprar los medicamentos que necesita.

El reverendo pastor Walter Wangerin Jr. estaba seguro que *él* conocía al chico. No lo conocía en absoluto. Y en mi irreprimible ira había pensado excluirlo de la Iglesia. Pero, en lugar de eso, yo me había excluido a mí mismo.

CAPÍTULO 14

Matthew: porque él lloró

Dios estableció un pacto, un testamento, no una sino dos veces, con la raza humana. Dos veces logró hacer propia a la gente. La primera falló. La segunda es eterna.

"Ustedes han visto lo que hice por los egipcios y cómo los he traído a ustedes adonde yo estoy, como si hubieran venido sobre las alas de un águila. Así que, si me obedecen y cumplen con el pacto, serán mi pueblo preferido."

El primer pacto fue definido por las leyes de Dios. Los beneficios para Israel hubieran sido incalculables: poseer su propia tierra, donde fluyeran la leche y la miel; convertirse en una gran nación, y vivir con Él.

No fue por ignorancia, entonces, que desobedecieron sus mandamientos, y no es que no hayan intentado acatarlos, pues al quebrantar las leyes divinas se arrepintieron una y otra vez. Y es que la condición del corazón humano tiende a la maldad.

En ese primer pacto, una parte, Dios, ofreció sus bendiciones, y la otra, el pueblo, se comprometió a obedecer. Pero debido a la incapacidad de las personas de consumar su compromiso de sujeción, el pacto falló.

Entonces, en el segundo pacto Dios en Cristo decidió asumir *ambas* responsabilidades.

La misericordia tiene rostro humano.

Jesús entró a la triste esfera de los asuntos humanos. Se convirtió en carne. Con una perfecta obediencia no sólo cumplió con la rectitud que exigía el primer pacto sino también la ruina de aquélla, que demandaba una sentencia de muerte. Él murió. Fue crucificado y falleció. Y nosotros atestiguamos su gloria: la gloria del Hijo Único del Padre. Y por su entrega hemos recibido gracia tras gracia. ¡Jesús es el Señor!

Aquí se presenta, entonces, este misterio y este milagro, del que Matthew es una evidencia: *que podemos cambiar.*

• • •

Supongo que podría haber justificado los pecados de mi hijo aduciendo su exuberancia natural. Desde el principio, Matthew fue un chico al que no le gustaban las reglas.

Sus deseos más simples se convertían en órdenes que debían acatarse de inmediato. Él no pensaba, él actuaba. ¿Que el niño quería libros de cómics? ¿Qué quedaba, entonces, sino comprárselos?

Sin embargo, no pude aceptar que Matthew robara. Eso no podía permitirlo. Robar estaba prohibido en casa como lo consigna el Antiguo Testamento: ¡no lo harás!

Una noche escuché unos pasos suaves que subían las escaleras. El muchacho ya debía estar dormido. Fui a su habitación.

Matthew estaba sentado en el piso, leyendo un libro de cómics. A su lado tenía varios libros más.

—Matthew —le dije—, ¿de dónde sacaste estos ejemplares?

En la litera superior, Joseph también estaba despierto. Se retorcía de la incomodidad por lo que la reprimenda que le esperaba a su hermano menor, no obstante que él estaba libre de culpa.

—De Heerdink —respondió.

Se refería a la calle en la que habíamos vivido antes de mudarnos a la ciudad.

—¿Heerdink? ¿Qué? ¿Y estaban ahí, nada más, volando sobre los campos?

—No.

—¿Entonces? ¿De dónde los sacaste?

—Del granero —confesó.

Se refería al granero de nuestros vecinos, en el que su hijo guardaba los libros de cómics.

—Bien, entonces deberán regresar ahí. Confesarás que los has robado y los regresarás. Y pagarás el doble de su valor.

Una vez más, Matthew no parecía tener el menor sentimiento de culpa cuando establecí el castigo que debía cumplir. Una dulce disculpa y una recompensa fácil.

No había pasado ni un mes desde que recé con mis hijos:

Jesús, Salvador, llévate
todos los pecados que he cometido hoy.
Ayúdame todos los días para ser
bueno y gentil, así como tú

—¡Matthew!

El último cajón de su guardarropa estaba abierto, repleto de libros de cómics.

—¿De dónde sacaste estos libros?

Inteligentemente, sin rastro de culpa, contestó:

—De la biblioteca.

La Biblioteca East Branch de Evansville estaba situada justo al otro lado de la calle, frente a nuestra casa.

—¿Los pediste prestados?

—Si —respondió.

—¿O simplemente los *tomaste*?

—Sí. Eso.

Así que le di otra dura reprimenda.

—Mañana —le dije—, le regresarás cada uno de los cómics directamente a la Señora Ley.

Personalmente consideré que aquella era un castigo severo, pues la bibliotecaria era alta, fuerte y malencarada. Una mujer magnífica y incuestionablemente íntegra. Se mantenía erguida no por su perfecta espina dorsal sino por su rectitud moral. En sus ojos podía verse la luz divina. No obstante, yo había visto salir humo y fuego de su nariz. Cuando los jóvenes estacionaban sus autos fuera de la librería para beber, fumar y escuchar música a todo volumen, la señora Moses salía a su encuentro y los hacía temblar. Rápidamente aquéllos encendían los motores de sus autos y se alejaban con suma docilidad.

Al día siguiente fui a la biblioteca y pregunté:

—¿Ha notado la pérdida de algunos libros de cómics?

La bibliotecaria parece sostener las tablas de los mandamientos cuando cruza sus brazos bajo sus pechos.

Me miró con fiereza y contestó:

—*Todos* los libros de cómics.

—Bueno —dije—, Matthew es el culpable. Lo mandaré de inmediato con usted. Haga lo que crea conveniente hacer con él.

El corazón se me estrujó al ver a mi hijo con aquellos ojos que apenas podían mirar a través de la inmensa torre de libros de cómics que cargaba. Su pelo afro le daba un aura oscura.

—Ve —le ordené.

Y Matthew fue. Cruzó por los escalones de piedra hacia el edificio de ladrillos construido por Andrew Carnegie. Durante más de quince minutos rondé por la sala. Seguramente el fuego en la montaña sagrada sería épico. Seguramente la iniquidad de mi Matthew no habría podido soportar aquella Aparición.

La puerta de la biblioteca se abrió. Mi muchachito salió con su explosión de pelo y sus ojos tan grandes como platos.

Conforme caminaba hacia la casa, le pregunté:

—¿Tenía algo qué decirte la señora Moses?

Él asintió.

—¿Comprendiste lo que te dijo?

Volvió a asentir.

—Bueno, yo también tengo algo qué decirte.

Le expliqué con detalle las consecuencias del pecado. Para mí, *robar* es una palabra con un poder primordial. Tanto como amaba a mi hijo, temía por él. La *perdición* era la palabra que mi madre usaba cuando yo era niño. Siempre ha provocado que se me congele el trasero. Ya desde entonces me producía miedo. Por el bien de mi hijo, me asustaba también ahora. Le advertí que un pecado lleva a otro. Tuve visiones de Matthew sentado en alguna prisión.

—¿Comprendes? —le pregunté.

Él sólo asintió.

Bueno, podría haber comprendido, pero no cambiaría.

En el verano, diez meses después, acepté una invitación para impartir un seminario en St. Louis. Mi familia me acompañó, por lo cual tuvimos que rentar un departamento.

De regreso a casa, encontré —no recuerdo *cómo*— otra pila de libros de cómics. Eran nuevos, cada uno cubierto por una envoltura transparente. Eran tan nuevos que nadie los había leído.

Jesús mío, ¡el chico *tenía* que cambiar! *Debía* imponerle una ley y un castigo tan severos como las leyes y los castigos que Dios le impuso a su gente, a Israel.

No quedaba otra cosa qué hacer sino darle una buena tunda.

—¿Matthew?

—¿Sí, papá?

—Ve a mi estudio y espérame ahí.

En silencio, se dirigió hacia allá. Me mentalicé. Nada debe hacerse si uno se deja llevar por el enojo. Pero tampoco debía permitir que sentir pena por él me detuviera. Utilizaría mi propia mano, de manera que yo pudiera sentir el mismo dolor que le infligiría. Y me limitaría a darle sólo cinco golpes en el trasero: —ni tan pocas, que la medicina no surtiera efecto, ni en exceso, pues entonces él se llenaría de una ira que no sería fácil apagar.

Fui al estudio y cerré la puerta. Matt estaba sentado en una silla de comedor, con la espalda recta. Yo me senté en otra igual.

—Tú —le dije— necesitas unos porrazos en el trasero.

Matt bajó la cabeza. Su espíritu se alejó de mí.

Una vez más, hice énfasis en las leyes y en las consecuencias de transgredirlas. Le hablé de la posibilidad de caer en el fuego eterno al final de una vida sin arrepentimiento.

—¿Comprendes?

Asintió. Siempre asentía.

—Te voy a dar un tunda, Matthew, para que no sufras un castigo peor que el mío. Ven aquí.

Lo acomodé con su pancita sobre mis muslos.

Levanté la mano.

En el instante en el que la hice contacto con su trasero, sentí el ardor en mi mano. Mi hijo se puso tan rígido como una tabla. Su aflicción era mi aflicción. Y así fueron, dos, tres, cuatro… Matthew no lloró. Se rehusaba a hacerlo.

Cinco.

Lo regresé a su silla y le dije que lo dejaría a solas y que regresaría en un momento. No quería ser el observador que se regodea con el sufrimiento de los demás. Tenía derecho de llorar en privado.

Una vez fuera del estudio, fui yo quien rompió en llanto. Oh, esto era más de lo que yo podía soportar. Me cubrí la cara y sollocé fuertemente, tanto que Thanne me escuchó.

—¿Wally?

Me abracé a su cuello sollozando, incapaz de decir nada. Me sentía mal, asustado y triste.

Cuando recuperé el control fui al baño y me lavé la cara con agua fría. Me sequé vigorosamente con una toalla y regresé al estudio.

La disciplina nunca debe terminar con dolor. Si había tocado para lastimar a mi hijo, ahora debía tocarlo para demostrarle mi amor.

Y así lo hice.

—Te amo, Matthew. Siempre te amaré.

Lo abracé fuerte, muy fuertemente.

• • •

Al pasar los años, llegué a la conclusión de que La Ley y su Castigo habían cambiado a mi Matthew. Ya no robaba.

Poco tiempo después, cuando cursaba la secundaria, Thanne lo llevó a él, a Joseph, a Mary y a Talitha, al centro comercial para comprar artículos escolares. De regreso en casa, ella me contó esta historia:

En el coche, los chicos habían empezado a platicar sobre las cosas que habían hecho en su infancia.

Talitha le dijo a su madre que acostumbraba tomar galletas cuando nadie la veía. Mary contó que se había pintado la boca con labial. Matthew compartió que le gustaba escabullirse de su cama durante la noche para ir a la cocina a preparar emparedados de azúcar. Literalmente. Le ponía azúcar a las rebanadas de pan y se comía tres o cuatro. ¡Caray, un niño hiperactivo alimentando su hiperactividad!

Después, el mismo Matt abordó el tema de los libros de cómics.

Thanne le dijo: "Me sentí feliz cuando dejaste de robar. De lo contrario papá hubiera tenido una muy mala reputación". Citó a san Pablo: "Así que el pastor debe ser intachable… Debe gobernar bien su casa y hacer que sus hijos lo obedezcan con el debido respeto".

—¿Sabes por qué dejé de robar? —preguntó Matthew.

—Porque papá te tundió el trasero —respondió Thanne.

—No, mamá —le contestó nuestro hijo—, porque él lloró.

• • •

La misericordia tiene rostro humano. No es la administración de la ley, sino la misericordia, lo que nos transforma.

PARTE 7
Sirviendo lo menos

CAPÍTULO 15

Billy: cómo se arruinó mi Día de Acción de Gracias

Gloria Ferguson trabajaba para el Ejército de Salvación. Ahí, apoyaba a la gente humilde. Les ofrecía abrigos y botas en invierno, un baño caliente, un lugar donde dormir por las noches, leche y comida caliente. Todo lo hacía en el comedor de la organización o lo llevaba directamente a las casas de los hambrientos.

Un día, Gloria me llamó por teléfono.

—Se trata de Billy —me dijo—. Necesita un poco de ayuda. Dice que no ha comido durante tres días consecutivos. Mañana es Día de Acción de Gracias y yo tengo que atender a mis bebés. Reverendo, me ayudaría mucho si usted pudiera llevar una bolsa con comida a la casa de Billy.

—Claro que sí —le contesté.

—Billy tiene noventa y siete años —añadió Gloria— y es un poco gruñón. No preste mucha atención a sus comentarios perniciosos.

• • •

Así como el pastor conoce y distingue a sus ovejas de sus cabras, así también el Rey de la Gloria divide a las naciones que se presentan ante él. Los fieles a su derecha y los negligentes a su izquierda. A pesar de que las ovejas no lo conocían, le servían a Él. De ahí que Él invitara a estos fieles al reino que había preparado para ellos. A las cabras, a su izquierda, les dijo: "Porque tuve hambre, y no me dieron nada de comer; tuve sed, y no me dieron nada de beber; fui forastero, y no me dieron alojamiento; necesité ropa, y no me vistieron; estuve enfermo, y en la cárcel, y no me atendieron".

Y aquellos negligentes le respondieron, "Señor, ¿cuándo te vimos hambriento o sediento, o como forastero, o necesitado de ropa, o enfermo, o en la cárcel, y no te ayudamos?"

El rey Jesús les respondió: "Les aseguro que todo lo que no hicieron por el más pequeño de mis hermanos tampoco lo hicieron por mí".

• • •

La casa de Billy estaba en la avenida Kentucky. Cuando llegué, la puerta estaba abierta. El interior de la habitación permanecía a oscuras. Golpeé el quicio de la puerta. Nadie respondió. Volví a hacerlo. Billy ha de estar en casa, pensé, o no le preocupan los ladrones. La bolsa con alimento cada vez me pesaba más. Golpeé una tercera vez, y cuando me disponía a irme, escuché un grito con una voz chillante. "¿Y qué estás esperando? ¡Tengo hambre! ¡Acaba de entrar ya!" Y así lo hice.

El hedor salado de la orina que permeaba el ambiente se adhirió a mi nariz. Filas de cucarachas se movían a mi paso. Finalmente, mis ojos se ajustaron a la oscuridad. Sin calcetines, los tobillos desnudos de Billy estaban cubiertos de costras de mugre. Tenía las agujetas deshechas, los ojos muy vivos, y en su barba desaliñada se habían pegado migajas de comida. El hombre se agazapó en una silla, repleta de ropa y de otros artículos, cual zopilote.

—Soy el pastor Wangerin. Gloria Ferguson me dijo que no ha comido desde hace tres días —me presenté.

Billy me miró con desdén.

—Si gusta, puedo calentarle un tazón con caldo de pollo y tallarines.

Sin dejar de traspasarme con su mirada y sin moverse, Billy llamó:

—Gatito, gatito, gatito.

Se escuchó un estruendo en la cocina.

Tres gatos entraron a la habitación, me miraron, estiraron las patas y se echaron.

Los ojos vivarachos de Billy brillaron en la semioscuridad del lugar. Su cuerpo se estremeció por la risa.

—Je, je, je. Como verás, no estoy solo, tengo mi zoológico.

Ahí estaba yo, un pastor bien vestido, limpio, recién rasurado, embestido por su caterva de gatos y cucarachas. Sentí que mi orgullo se lastimaba.

—Deja tu saco —me gritó Billy —. Siéntate y platiquemos un rato.

Me dejé el saco puesto. Y no me senté. No había nada de qué hablar.

Billy mantuvo su posición, mirándome iracundo, mientras sus tres gatos se erizaban, amenazándome. Comencé a arrepentirme de mi buena obra.

Finalmente, Billy, una vez más, me gritó:

—Tu bolsa, chico. Llévala al a cocina. Tengo algo que enseñarte.

Cuando menciono la cocina, los gatos se volvieron locos y salieron corriendo de la habitación.

El hombre de noventa y siete años tenía problemas para levantarse de la silla. En un esfuerzo por hacerlo, se agachó tanto que sus orejas llegaron hasta sus rodillas. Tomó fuerzas para reincorporarse, y aferrándose al reposabrazos de la silla volvió a inclinarse hacia delante con más impulso. Se sujetó de mí para no caer.

—Ya no debo caerme —me dijo—. Me ha pasado muchas veces. Ya me lastimé la espina, ¿sabes? Tengo que inventar trucos para incorporarme... ¿Y qué dijiste qué hacías? ¿En qué trabajas?

—No importa —contesté, zafando su mano de mi saco.

Quería apresurarme a ir a la cocina y retirarme lo más pronto posible.

La cocina de Billy estaba atestada de comida. Aún había un jamón endiablado en su lata sobre la plancha, y cajas de cereal, macarrones con queso y una botella de vodka en la alacena. La mesa de la cocina estaba llena de latas abiertas de carne puerco, de frijoles y de sopa de tomate, Beefaroni, etcétera.

Con la mano el viejo apartó aquel desastre para hacer espacio en la mesa.

—Aquí —ordenó—; deja las provisiones aquí —se dirigió al refrigerador, abrió la puerta y se agachó para ver su contenido—.

Veamos: no tengo leche; esta ya se agrió. Ni mantequilla. No puedo comer pan sin mantequilla. No puedo comer cereal sin leche —se volvió hacia mí y gritó—: ¡Consígueme leche, mantequilla y crema!

Quisiera terminar mi relato contándoles que mi servicio tuvo una recompensa. Que Billy me dio un centavo, o incluso un dulce, pero los engañaría. No hubo Acción de Gracias de Billy hacia mí. Y no regresé a su casa. Se quedó sin leche, sin mantequilla y, por supuesto, sin crema.

• • •

"*¿Por qué me sirves? ¿Por qué aplacas mi hambre con comida?*"

Sólo hay una respuesta correcta.

"Porque me lo pediste". Eso es mucho qué decir. Pero una respuesta mejor que esa, es ésta: "Porque te amo".

CAPÍTULO 16

Junie Piper: nadie tan precioso

La caja negra del teléfono estaba fijada a una pared. No tenía disco. Simplemente levanté el auricular, lo puse en mi oido y esperé hasta que sonara en el piso de arriba. El sargento del cubículo que estaba detrás de mí no me prestó atención. Permanecía parado en la planta baja del edificio del sheriff del condado. Podía escuchar el ruido de las máquinas de escribir que se hallaban más allá del sargento, mientras él mantenía conversaciones con varias personas y de vez en cuando soltaba una carcajada estruendosa. El segundo y el tercer piso tenían celdas para los prisioneros del condado.

—¿Quién habla? —dijo una voz al otro lado de la línea.

—Soy el pastor Wangerin —le contesté—, estoy aquí para ver a Junie Piper.

Piper gozaba de algunos beneficios porque conocía a uno de los guardias del segundo piso.

—¿Qué quiere? —me preguntó, como si no se lo hubiera dicho ya.

—El señor Wash Piper es miembro de mi Iglesia —le contesté—. Quisiera visitarlo.

El auricular del guarida se escuchaba mal, seguramente porque lo tapaba con la mano, a pesar de lo cual pude escuchar que preguntaba: "¿Está aquí Wash Piper?"

Otra voz, aún más distante, le contestó: "Lo procesaron ayer. Celda seis, tercer piso".

El guardia tomó el auricular y me dijo:

—Quédese en el elevador.

Clic. Así se acabó la conversación.

Este era el procedimiento. No había botones marcados ni con el número dos o ni con el tres. El elevador era controlado por los guardias de arriba, de acuerdo con sus caprichos, de manera que se tomaban su tiempo para enviarlo por mí.

Sin embargo, no tuve que esperar mucho antes de que la puerta del ascensor se abriera. El compartimento olía a humo de cigarro añejo. Las paredes estaban acolchadas y, en sí mismo, era un cubo verdaderamente claustrofóbico. Entré y las puertas se cerraron. Me había puesto el alzacuellos clerical para identificarme a mí y a mi jerarquía pastoral. Llevaba una Biblia y la pequeña caja negra en la que guardaba los adminículos para la comunión.

Salí del elevador hacia un cuarto cuyas paredes estaban hechas de cubos grises de tabicón. A mi derecha había una fila de casilleros con una pantalla enmarcada y una llave para cerrarla. Cerca de la orilla izquierda, bastante alejada, había una puerta de metal, y en dirección opuesta del elevador, una ventana, detrás de la cual se sentaba el guardia, tras de quien había una buena cantidad de rifles colgados en la pared. El guardia me habló desde un cavidad en el vidrio.

—Vacíe tus bolsillos —me dijo—. Monedas, cartera, cerillos o encendedor, si es que trae. Ah, y el reloj también. Guarde tus cosas en uno de aquellos receptáculos y cuando lo haga deme la llave.

—¿Puedo conservar mi Biblia?

—¿Qué trae en la cajita negra?

Sin decir palabra, la abrí y le mostré su contenido. Dudó al ver la pequeña botella de vino, pero asintió.

—Está bien —respondió—. Sólo puede permanecer unos minutos, reverendo. Estaré con ustedes.

Entonces, desapareció.

En breve, la puerta de metal se abrió. El guardia me ofreció la mano:

—Peter Wagner —se presentó.

Nos estrechamos la mano.

—Walt Wangerin —correspondí—. No espere que le revele lo que Wash me cuente.

—No me preocupa —contestó Peter—. Wash no ha dicho una sola palabra desde que fue arrestado. Solamente permanece tirado ahí en la celda. No creo que haya movido un solo músculo desde anoche. Quizá usted lo pueda sacar de su ensimismamiento. Venga conmigo.

La fuerza de los pasos del guardia hacía resonar el piso. *Clack clack*. Las llaves que llevaba colgadas de su cinturón sonaban como campanillas. Me condujo por un largo pasillo. A la izquierda había ventanas, y a la derecha, celdas con barrotes. Como las celdas de una colmena, cada una de aquellas mazmorras replicaba a las demás: 2.4 metros de profundidad por 1.5 metros de ancho. Adentro de cada una había una litera metálica que abarcaba la mitad del espacio, un lavamanos de metal y un WC de acero, sin tapa. No había nada escondido.

Peter Wagner se detuvo en la celda número seis.

—Piper —le dijo—, tu pastor está aquí.

Sin más, se alejó de allí con sus *clack clack* y sus campanillas. Nos dejó a solas.

Junie se encontraba boca abajo en el suelo, con la cabeza recargada en sus antebrazos; su afro estaba apelmazado. No vestía más que sus calzoncillos.

Me hinqué frente a los barrotes, preguntándome si él permitiría que lo tocara. Decidí que era mejor no hacerlo.

—Junie —le dije—. ¿Me recuerdas? Soy el pastor Wangerin. Nos hemos encontrado varias veces en la casa de tu madre.

Junie Piper no pareció percatarse de mi presencia. Ni siquiera se movió.

Cada vez que pasaba por la sala de su madre, ella me presentaba a Wash Piper como si nunca nos hubiéramos conocido. En aquellos días, Wash tenía una tez aterciopelada, del color de la noche, y unos ojos azabache tan brillantes como los de un cervatillo. A pesar de que volteaba a verme, nunca me sonrió.

Ahora, en aquella celda, su tez era ceniza.

—Me gustaría platicar contigo, ¿te importa? —le pregunté.

Él no me dio ninguna señal sobre si le importaba o no, así que me dediqué a hablar. De esto, de lo otro y de aquello.

Junie Piper se había unido a la Marina de Estados Unidos hacía poco tiempo. Supongo que fue dado de baja por cometer alguna infracción, porque regresó a casa atribulado y perdido.

—¿Qué te motivó a hacer lo que hiciste? Quiero decir, ¿por qué atacaste a ese viejo justo enfrente de la oficina del *sheriff*? —le pregunté.

Comencé a leer el salmo 23 en voz alta, intentando que Junie volviera a la vida, pero parecía que para él no existía un mundo, ni un universo a su alrededor. Se había convertido en la nada de un lugar inexistente.

Unos quince minutos después escuché las pisadas de Wagner y el campanilleo de sus llaves.

—Me temo que se le terminó el tiempo —me dijo, y añadió—: Wash, por lo menos jala la cadena.

Cuando regresé, dos días después, me atreví tocarlo. Con ternura acaricié el pelo de aquel pobre y humillado joven.

—Oye —comencé—, escuché que eras el cocinero en la base naval y que trataste de conseguir un trabajo guisando para los restaurantes del pueblo; incluso para McDonald's. Me apena que nadie te haya contratado.

Visité a Junie dos veces más la siguiente semana. No hubo un cambio radical en su comportamiento aunque durante mi última visita empezó a hacer un sonido similar a un ronroneo. Supe que estaba comiendo mejor. Incluso vi en el suelo una bandeja de comida vacía. Mejor aún, ahora ya se recostaba en la litera.

Ya en confianza, Peter Wagner me dejó entrar a la celda de Junie.

Me senté en la orilla de la litera y le dije:

—Tu mamá casi no va a misa. Dice que es porque perdió sus dientes superiores. ¿Es cierto, Junie? Cuando le doy la comunión, deshace la hostia con las encías.

Primera sorpresa: Junie se encogió de hombros.

Inmediatamente lo acometí con más preguntas.:

—¿Ella no perdió los dientes, verdad? Estoy seguro de que incluso come elotes, ¿verdad?"

Entonces hubo una segunda sorpresa: Junie sonrió.

Me levanté de un salto.

—¡Peter! —llamé—. Peter Wagner, ¿puedes escucharme? Wash y yo necesitamos una habitación privada.

Había oídos ávidos en todas celdas y yo quería sostener una conversación privada con Wash.

Tercera sorpresa: Junie Piper se levantó.

Nos dirigieron hacia un pequeño cuarto que tenía las paredes pintadas de blanco. Allí había dos sillas, una mesa de metal y una puerta con una pequeña ventana protegida por una malla de alambre.

Peter sentenció:

—Tienen veinte minutos —dijo, cerró la puerta con llave y se alejó.

Junie y yo nos sentamos frente a frente cada cual a un lado de la mesa. Me acerqué, sopesando mis posibilidades con ese huesudo chico negro.

—Te tengo una historia —le dije—. Había un papá que tenía un hijo. Y ese hijo huyó con el dinero del papá. A lo mejor se unió a la marina, no lo sé...

Los codos de Junie estaban sobre la mesa, sus manos sostenían su rostro.

—Pero el dinero no dura. Tú lo sabes. Mientras lo tuvo, el chico hizo muchos amigos. Hubo fiestas... Ya sabes... papas fritas, marihuana, alcohol... Pero cuando se acabó el dinero, también se acabaron los amigos y el chico se quedó solo. ¿Y qué hizo? Bueno, como no sentía otra cosa que tristeza fue y despojó de sus cosas a un hombre. No lo sé, Junie, quizá fue por desesperación. Quizás sólo lo hizo por entretenerse. Tal vez cometió ese crimen para ponerle un poco de sal a su vida.

Abrí mi Biblia en Lucas 15 y empecé a leer la parábola en voz alta. "Había un hombre que tenía dos hijos…" Creo, verdaderamente, que Wash Piper me estaba escuchando como jamás había escuchado a nadie.

Sentí que apenas llevábamos menos de cinco minutos de nuestra "conversación" cuando escuché los pasos de Peter Wagner, quien asomó su cara por la ventana alambrada y golpeó la puerta de metal con los nudillos. ¡Ay, Junie! El golpe lo aterrorizó. Se paró de un salto y tiró la silla. A continuación se llevó las manos a los oídos para tapárselos. Sus ojos miraban hacia todos lados, como cuando un caballo es azotado en el cara. Junie trastabilló y yo lo sostuve con delicadeza. Yo quería ser el mundo que él parecía haber perdido. Quería que mis brazos fueran su universo. Le susurré al oído: "Te amo, Junie. Y Dios también te ama".

¿Cuánto tiempo pasó después de ese incidente? Casi no lo recuerdo. ¿Dos días? ¿Tres?

Mi teléfono sonó.

—¿Reverendo Wangerin? —preguntó una mujer.

—Sí, soy yo.

—¿Acepta esta llamada por cobrar?

"¡Una llamada de larga distancia!" pensé. Quizás era un amigo. Quizás, un miembro de mi iglesia.

—Por supuesto —contesté.

La operadora dijo:

—Ya puede hablar, señor Piper. Su pastor está en la línea.

No escuché nada más que su respiración.

—¿Hola? —pregunté—. ¿Junie?

Sólo su respiración.

¡Junie! Mi corazón latía como si hubiera entrado en pánico. Pero no era pánico, sino expectación. Mi precioso, mi precioso hijo.

—¡Junie! ¿Vas a hablar conmigo?"

Una voz suave contestó:

—Bueno…

—Junie, ay, Junie, no puedo soportar esto. ¡*Habla* conmigo!

—Bueno —dijo con una voz distante pero dulce—, yo también te amo.

Y colgó.

Y yo lloré.

Jesús tiene una tez aterciopelado, del color de la noche, y grandes ojos de azabache tan brillantes como los de un cervatillo.

PARTE 8

Interrupciones divinas

CAPÍTULO 17

Melvin: honrarás a tu madre

Tomé la carretera Interestatal 94 desde Valparaiso, Indiana, hasta Milwaukee, después me dirigí hacia el norte por la Interestatal 43. Cuarenta kilómetros para llegar a la pequeña Cedarburg donde finalmente me enfilé por un camino rural hasta la granja lechera donde vivía Melvin.

Era un soleado día de octubre. No había visto a mi amigo desde hacía varios años, cuando me senté en la misa, junto a él, en el funeral de su padre.

Mell y yo fuimos compañeros de habitación durante nuestro primer año en la Preparatoria Concordia. Ya desde entonces se distinguía por su curiosidad.

Muchos jóvenes de nuestra clase se escabullían del campus a tomar cerveza. Incluso yo lo llegué a hacer una o dos veces, pero Mell... él tomaba té. Tenía una jarra eléctrica en el alféizar de su ventana, dejaba que el agua empezara a hervir y sumergía una bolsita de té Lipton's, que movía para arriba y para abajo; después vertía el líquido ámbar en su taza, se sentaba y le daba lentos sorbos.

Después de ese año, Mell ya no regresó a la escuela. En julio murió su padre y él se quedó en la granja para encargarse del trabajo.

Yo sentía una gran ternura por la madre de Mell. Cuando aún estábamos en la escuela, él me invitaba a su casa. Gertrude se pasaba las tardes de los viernes horneando pan para toda la semana. Y pays. Era una mujer regordeta y llena de vida, con las manos curtidas por el trabajo del campo. Mantenía un gran jardín de vegetales. Una mañana de sábado la ayudé a subir sus cosechas al vagón. Nos llevó a Mell y a mí al mercado de granjeros en Cedarburg, donde preparamos cajas con diversos vegetales y frutas y las vendimos a unas mujeres de mirada dura, de ascendencia alemana.

—Kartoffeln. Wie vile

Papas. ¿Cuánto cuestan?

Ella decidía el precio.

—Nein —respondía una de esas mujeres—. Bringst du Frau Weiss.

Gertrude podía regatear con los mejores. A menudo terminaban pagándole diez o veinte centavos más del precio original.

Toqué desesperadamente a la puerta de la casa de Mell. Estaba pintada de un color tan blanco que, bajo el sol de octubre, resultaba casi enceguecedor.

En un momento, la puerta se abrió.

—Pero, Walter —me dijo él—, ¡qué sorpresa!

—Bueno —contesté— la noticia me sobresaltó y vine.

—Me alegra que lo hicieras. Ven, pasa.

Mell vestía una camisa blanca perfectamente planchada y jeans con las líneas perfectamente marcadas.

Percibí el aroma del pan recién horneado.

—Ya veo que tu madre sigue con sus buenos hábitos.

—No —dijo Mell—, en estos días, yo soy quien lleva la casa y todo lo necesario.

• • •

Los mandamientos no han caducado. Ni tampoco han sido abolidas las promesas sagradas. Cuando me preguntan acerca del futuro de las comunidades humanas, o de los países, e incluso de la Yglesia en la tierra, respondo: "Mientras la gente obedezca el quinto mandamiento..."

¿Hay niños cantándoles a sus madres ancianas? ¿Han dejado de honrarlas incluso cuando ellas han sido deshonradas a los ojos del mundo? Entonces digo: "Los signos son buenos".

El mejor signo del futuro de cualquier comunidad —ya sea que viva por mucho o por poco tiempo— no tiene que ver con lo financiero, lo político o lo demográfico, ni con la capacidad bélica de los ejércitos. Tiene que ver con la moral. No midan la *fuerza* de una nación. Mejor valoren cómo se *comporta* su gente.

Moises, en el Deuteronomio 30, dice: "Te he dado a elegir entre la vida y la muerte; entre la bendición y la maldición. Elige, pues, la vida". Si caminamos por los caminos del Dios que provee y obedecemos sus mandamientos, entonces habremos escogido la vida, porque el Señor es la vida.

Cuando los padres que nos han criado se endurecen y se vuelven malhumorados, ¿qué hacemos? Cuando sus cuerpos se vuelven tan ligeros como un suspiro y cuando han dejado de decirnos que nos aman, ¿qué hacemos?

"Honor" en hebreo se dice *kabod*. Honrar a nuestros padres, entonces, significa otorgarles el peso de la autoridad y de una larga vida de sabiduría. Éste, escribe san Pablo, es el único mandamiento que contiene una promesa en sí mismo.

Honra a tu padre y a tu madre
para que te vaya bien
y disfrutes una larga vida en la tierra.

Aquí, la palabra hebrea para "tierra" tiene tres significados: 1) larga vida en la *tierra*, en tus campos, en tus tierras y en el fruto de tus labores; 2) larga vida en la *tierra*, en el territorio de tu país, y 3) larga vida la *tierra* en tu esfera, la Tierra.

Y así, nosotros, mientras le cantemos a nuestra madre, quien grabó en nosotros las canciones de su niñez, viviremos una larga vida en la tierra y en la tierra y en la tierra.

• • •

"Yo soy quien lleva la casa y todo lo necesario", me dijo Mell. Bajó la cabeza con cierta vergüenza:

—Mi mamá ya no puede hacerlo —dijo—. Ven conmigo, Walter. Ven a saludarla.

Me llevó hasta un salón junto a la cocina. Había un aparador junto a la pared más cercana, un sillón en la esquina y, junto a él, una pequeña mesa donde había libros y agujas de tejer. Además, una lámpara flexible se había adecuado para aportar luz desde atrás. En el otro lado de la habitación se encontraba una cama de hospital que se plegaba para que la madre de Mell pudiera sentarse.

Gertrude ya no era como yo la recordaba. Su cara redonda tenía el glaseado de un plato vacío. Sus ojos acuosos nunca hicieron contacto con los míos, aunque sí llegaron a posarse en mis manos.

—Madre —dijo Mell—, por favor, saluda a mi amigo, Walter Wangerin.

Me acerqué para tomar su mano, tan blanca como el talco y tan suave como la masa. Di un paso hacia atrás.

—Mi mamá cree que trajiste comida.

Mell tomó un tazón del buró y extrajo una ciruela pasa. Gertrude aún tenía dientes fuertes así que la dejamos mordisqueando el fruto contenta mientras salíamos al salón.

Durante el resto de la tarde, Mell y yo caminamos por un huerto de manzanas. El viento fresco olía a cosas secas, a cáscaras y a hojas de otoño. Las manzanas se pudrían sobre la tierra, lo cual le daba al aire un aroma a vino. Mell dijo que estaba ahorrando dinero para conseguir un asilo, en caso de que él muriera antes que su madre. Ahora era él quien llevaba los vegetales al mercado de granjeros. Ahora también llevaba manzanas, fresas, moras y ciruelas. Ganaba dinero horneando pasteles y tejiendo bufandas, suéteres, cobijas y frazadas para bebés.

Al caer la tarde regresamos a la casa. Mell preparó huevos revueltos. Bebimos varias botellas de cerveza y poco después se despidió.

—Buenas noches —dijo y se dirigió al salón a leer y a acompañar a su madre.

Yo subí las escaleras y dormí en la habitación que habíamos compartido cuando éramos jóvenes.

Siempre he disfrutado el intelecto audaz y cuestionador de mi amigo, su conversación suave e interesante. Era un hombre sabio. Podría haber aconsejado a senadores, a directores de empresas...Y lo hubieran escuchado.

A las tres de la mañana me despertó un grito estremecedor. Pensé que era un gato, pues sonó como una larga lamentación inarticulada y felina. "¡Ya, na, na, na-na, na, YA!"

No. No era el gemido de un gato. Era demasiado humano como para provenir de un animal. Algo andaba mal.

Bajé las escaleras corriendo. No había luz en la cocina. Sólo un pequeño haz de luz que se colaba a través de una grieta de la puerta del salón. La abrí y me detuve. La fuente de luz provenía de una lámpara en mano que portaba Mell. Estaba hincado frente a la cama de hospital. Sin saber qué hacer, esperé, y el olor que empezó a llenar la habitación me confirmó lo que mi amigo estaba haciendo: limpiaba a Gertrude, que acababa de defecar, y le cambiaba el pañal. Honraba a su madre.

Mell volteó y me descubrió en el corredor. Sonrió e hizo un ademán para que me sentara en su silla.

Mientras aseaba a su madre, le cantaba:

"Müde bin ich, geh zur Ruh,
Schliesse meine Aeuglein zu.."

Una canción de cuna. La simple, sagrada, nocturna, eterna y proverbial canción de cuna. Y Gertrude la cantaba acompañando a Mell. No era un lamento de dolor ni de congoja. Era el canto a todo pulmón de la vieja Gertrude que entonaba aquellas notas con un inmenso placer: "¡Ya, na, na, na-na, na, YA!"

Lo mejor de todo: La cara de Gertrude había vuelto a la vida. Volvió a ser una niña, aquella a quien le había escuchado cantar la canción por primera vez, cuando era inocente, feliz y se sentía completa. Ah, aquella Gertie joven, ataviada con sus mejores vestidos de Pascua, con cintas en el pelo, corriendo a través de los verdes prados, esperando todas las cosas buenas de la vida, con los brazos abiertos. Y lo mejor de todo aquello era que la puerta de aquel salón estaba abierta al Reino de los Cielos.

• • •

Si me preguntan sobre el futuro de las comunidades humanas sobre la tierra, y si sus vidas serán largas o cortas, les responderé: "Escuchen a esa bulliciosa cantante. Observen las gentiles atenciones que le prodiga su hijo".

—Sí —les diré—, los signos son muy buenos.

CAPÍTULO 18

Joseph: las interrupciones divinas del Padre Supremo

"El Señor, el Señor", dijo Yahvé a Moisés cuando el profeta se encontraba en el Monte Sinaí. "Dios clemente y compasivo, lento para la ira y grande para el amor y la fidelidad; pero que castiga la maldad de los padres en los hijos y en los nietos, hasta la tercera y la cuarta generación".

He mezclado dos textos en uno, ambos del Éxodo 34. Sin embargo, esta es la esencia de la proclamación de Dios.

Algo maravilloso ha sido heredado de generación en generación desde los ancestros de Israel y de nuestros ancestros a nosotros.

En Jeremías 31, el Señor dice:

Así también habré de vigilarlos —a los hijos de Israel— para construir y plantar. En aquellos días no volverá a decirse:

Los padres comieron uvas agrias,
y a los hijos se les destemplaron los dientes.

Pero —y aquí viene una sentencia más fuerte— al que coma uvas agrias se le destemplarán los dientes, es decir, que morirá por su propia iniquidad.

Puede ser una sentencia dura que, sin embargo, implica bondad: mi pecado no pasará a mi hijo. En ese sentido, él estará libre de mí.

Por otro lado, también está la analogía de que, en términos físicos, podríamos *vernos* iguales.

Oh, Joseph, ten cuidado de lo que de mí te burlas, pues pronto tú serás de quien te estés burlando.

• • •

Mi pobre hijo. Hoy en día es un adulto con una nariz monumental que parce una aleta dorsal. Un hacha de guerra con la cual podría cortar el aire. Una nariz de proporciones épicas.

Desde el nacimiento de Joseph, el Creador le dio al gentil chico una aptitud artística. Cuando tenía tres años ya dibujaba pequeñas figuras humanas.

Una vez se sentó entre la parte trasera de un sillón y la pared. Cuando su madre empezó a aspirar la sala, jaló el sillón y Joseph se encontró con una visión extraña. Pensó que el sillón había dejado una sombra sobre la pintura de la pared con su figura perfectamente delineada. Después de una inspección más detallada, se reveló aquella sombra: los dibujos a lápiz de cientos de figuritas, cada una con su propia cara, cada una con la expresión de una emoción distinta. No había una igual a otra.

Hace algún tiempo, mientras llevaba a Joseph a pasear por la campiña, con el sol tras de nosotros, el pequeño hincado en el asiento trasero y viendo a través de la ventana, dijo de pronto:

—¡Mira, papá! ¡El sol nos está siguiendo en un bote indio!

Volteé al espejo retrovisor y mirando el cielo. Una nube en forma de puro estaba eclipsando la mitad baja del sol. A lo menos yo hubiera asegurado que tenía forma de puro. Joseph, por su parte, vio una canoa. Efectivamente, el chico tenía un ojo artístico.

En sus primeros años de escuela dibujaba caricaturas. En una de ellas dibujó a su maestra con una precisión malvada: Joseph había tomado nota de todas las peculiaridades físicas de la profesora y las había exagerado. Al ver esa caricatura, sin dudar, todos sus compañeros supieron a quién representaba. A pesar de que era tímido y tranquilo, Joseph tenía un sentido del humor excelente. Había convertido el labio inferior de la maestra en uno tan grande y tan exaltado que hasta ella acabó por reír.

En su mente, Joe veía un mundo raro. Quizá Dios se arrepintió de haberle dado al chico ese don artístico, ya que con él podía construir cualquier arma. Pero el regalo ya estaba dado y le pertenecía a Joseph. Si lo deseaba, incluso podía haber caricaturizado mismo Dios.

Ahora, permítanme contarles algo.

Thanne y yo habíamos decidido educar a nuestros hijos en torno al sexo conforme se fueran acercando a la pubertad. A mí me tocaba educar a los hombres, y a ella, a las mujeres.

Y así llegó el otoño de 1982, cuando llevé a mi hijo de doce años desde Evansville hasta Kentucky, de nuestra casa a la cabaña en Lake Beshear, para dedicarle tres días de instrucción sexual.

En la otra orilla del lago, el bosque parecía incendiarse de rojos y amarillos, de naranjas furiosos y de ocres tan oscuros como los que vemos durante un mal sueño. El viento del otoño hacía volar las hojas de los árboles, tanto que parecían el largo pelo de una mujer meciéndose en el cielo.

Dedicamos la tarde del viernes a hablar de cosas triviales, comimos, jugamos Monopoly y, finalmente, nos fuimos a dormir. Había decidido reservar la conversación más difícil para la tarde del siguiente día. Ya saben: sexo, cómo se hacen los bebés, la madurez física, el amor genuino y todo eso…

Rentamos un bote de motor. Joseph brincó a bordo y se sentó junto a mí. ¡Qué velocidad! Íbamos dejando una estela de agua detrás de nosotros. Recorrimos las pequeñas islas del lago. En aquella época me gustaba fumar pipa. La llevaba apretada entre mis dientes, con las manos en el volante del bote, inclinado hacia adelante, algo tenso, rezando por que no nos quedáramos sin combustible antes de regresar a la cabaña. ¿Había remos para una emergencia en el bote? Sí. Sí había remos.

Aquella tarde invité a Joseph a caminar juntos. Allí le solté mi discurso. Él se mostró más bien callado. Sorprendido, diría yo. Cuando terminé, Joe me contó que su maestro de cuarto grado, un tipo más bien sórdido, que usaba pantalones de cuadritos a la altura de la cadera, le había descrito el acto sexual con tal detalle que le asqueaba la idea de concebir hijos si para hacerlo debía tener relaciones sexuales. Así de desagradable le parecía el sexo. Joe creía que la adopción habría sido una mejor opción que el extraño intercambio carnal para tener un hijo. Quizá intentaba explicarme cómo se hacen los bebés, la madurez física, el amor genuino y todo eso…

¡Joseph! El chico estaba convencido de que podía tomar decisiones de un adulto a pesar de su inocencia.

Joseph, el talentoso.

El sábado por la tarde tomó su cuaderno de dibujo y sus lápices, se tiró de panza en el piso y bosquejó una caricatura.

Me apena decirlo, pero era una caricatura que me representaba a mí. Yo, perfectamente estudiado por Joe de perfil, aferrado al volante del bote, con mi pipa entre los dientes y el humo saliendo de ella… ¡Y cortando el aire frente a mi cara, una nariz tan grande como un tractor de arado! Un tractor, con las fosas nasales resplandecientes, la frente echada hacia atrás y un solo ojo, a la vez pequeño, brillante e intenso.

Pobre Joseph.

La caricatura era precisa y divertida. Simplemente aquella nariz explosiva, abriendo camino en el lago, era digna de valorarse.

Ahora mi chico ya se ha convertido en un adulto. Tiene dos hijos. Y sus pequeños se burlan de su nariz.

• • •

Soy tu padre, Joseph Andrew, con todos mis pecados y mis iniquidades. Pero Dios es tu *Padre Supremo*. Gracias a las heridas de *Su* hijo y gracias a sus divinas intrusiones en nuestra vida, el tenebroso horno de mi ira no te ha sido transmitido. Es cierto, heredaste mis hipersensibilidades y la melancolía contra la que he luchado toda mi vida. Y sinceramente lo siento. Pero *no* has heredado mi forma de enfurecerme ante las cosas vanas. Tú eres más amable con tus hijos de lo que yo lo fui con los míos. Tú eres gentil y tienes más disposición al sacrificio que yo, pues por ellos incluso has sacrificado el tiempo que le pudiste haber dedicado a tu arte, a tus diseños, y a tus expertas y perfectas esculturas, imágenes en barro que creas con las imágenes que nacen en tu mente.

Dios es tu padre. Y Dios también es mi padre. A pesar de mi desobediencia destructiva, Él me legó la humildad y el amor por su hijo Jesús. Estos son nuestros legados, Joe, tuyos y míos. La Gracia también. Y la he visto en tu rostro.

¡Siempre, siempre, alabado sea nuestro padre! Y a ti, hijo mío, te ofrezco la eterna gratitud que nace de mi corazón.

PARTE 9

La invasión de Dios

CAPÍTULO 19

Agnes Brill: alérgica a Dios

Walter Martin Albert Wangerin (ese es el nombre de mi padre, no el mío) fue un pianista versátil. Con esto quiero decir que podía ser tan sobrio como para tocar algo de Bach y al otro día estar ligeramente exaltado y tocar *honky-tonk* y *boogie-woogie,* o incluso podía ser más introspectivo e interpretar "Nuestro hermoso Salvador".

Un día, Walt padre vendió nuestro único auto para comprar una pequeña versión de un *grand* piano, al que le asignó el lugar de honor de la sala de estar. Por las noches, en mi cama, lo escuchaba tocar para sí mismo. Interpretaba improvisaciones sobre un himno alemán o sobre un jazz juguetón con tonos profundos. Así era como yo podía medir el ánimo de mi padre; si se sentía melancólico o contento.

Otras veces, mi padre se inclinaba sobre las teclas del piano de la fraternidad de la iglesia Immanuel Lutheran. Volteaba la cabeza, mirando de soslayo público joven que detrás de él, ponía una cara adusta y decía: "No se rían. Esta es una canción muy triste". Y empezaba a cantar:

Vayan a contarle a la tía Rhody,
Vayan a contarle a la tía Rhody,
Vayan a contarle a la tía Rhody,
Su viejo ganso gris está muerto.

Debemos hacerle un funeral,
Debemos hacerle un funeral,
Debemos hacerle un funeral,
Le han pegado en la cabeza.

Probablemente yo tenía seis años y mi hermano Paul cinco cuando mi padre comenzó a enseñarnos a tocar el piano. Aprendimos el acorde C y su escala, aprendimos "Palitos chinos" o "*Chopsticks*", y aprendimos a identificar el tema de la *Sinfonía sorpresa* de Haydn.

Papa Haydn, muerto ya,
pero su memoria permanece;
él tocaba [*algo ininteligible*] melodías como ésta:
¡Da-da, da-da, da, boom!

No pasó mucho tiempo antes de que el reverendo Wangerin dejara de enseñar a sus chicos. Pero mi madre nunca se rindió. *Sus* hijos iban a tener esa instrucción, aunque fuera lo último que hiciera en su vida.

Por eso, cuando yo tenía once y Paul tenía diez años, Virginia nos presentó a nuestro nuevo maestro de piano: un melancólico viejo teutón que fumaba sin cesar. El fuerte olor a tabaco que revoloteaba en su sala nos sacaba lágrimas de los ojos por la irritación que nos producía. Las puntas de sus dedos eran tan anchas como espátulas y su piel estaba manchada de color café por la nicotina. A veces, cuando el maestro intentaba mostrarnos cómo se debía tocar una pieza, cerraba los ojos y se mecía hacia atrás, perdiéndose en la música y dejándose llevar a Dios sabe dónde.

Diez dólares la lección. Veinte por ambos. Dos veces perdí el billete de veinte dólares, ya fuera de ida a la clase o de regreso a casa. No lo sé. Virginia me enviaba a buscar el dinero por las banquetas una y otra vez. Jamás encontré aquellos cuarenta dólares.

No puedo recordar, incluso ahora, cuándo o por qué dejamos de asistir con ese triste maestro. Lo que sí recuerdo es que cuando inicié mi carrera, aprendí por mi cuenta a tocar los primeros acordes del *Segundo concierto para piano* de Rachmaninoff. Mi madre decía: "¿Ves? Sí puedes tocar". Pues no, no podía hacerlo. Sólo fingía.

Después de muchos intentos en otras actividades, en las que fui cientos de veces más exitoso, olvidé el piano.

• • •

De ese modo el mayor de los hijos Wangerin creció y se convirtió en un hombre de treinta y dos años que, como su padre, se convirtió en pastor, a pesar de que su congregación era mucho más pequeña y tenía una calidad citadina y afroamericana.

Entonces, Thanne y yo ya habíamos comprado un piano vertical en color crema. En cierto momento creí que había llegado la hora de aprender a tocarlo. Y, ya que el instrumento estaba terriblemente fuera de tono, le pedí a un joven amigo que lo afinara.

Brian era un tipo larguirucho, de ojos claros; hablaba suavemente, apenas moviendo los labios. Llegó a la casa armado sólo con una pequeña llave inglesa. No llevaba diapasón pues presumía de haber nacido con un oído perfecto.

Me senté y lo observé mientras probaba las teclas, maniobrando con la llave inglesa. Cuando quedaba satisfecho con el sonido de una, seguía con la siguiente. Su paciencia me contagió. Me enseñó a ser paciente.

Finalmente Brian tocó las cuerdas a lo alto y a lo bajo del registro. Se levantó y dijo:

—Ya está listo.

—¿Me puedes recomendar a un maestro de piano? Temo que tendré que empezar de cero —le dije.

—Bueno —dijo él—, la señorita Agnes Brill está aceptando nuevos estudiantes.

—Señorita Brill —repetí, intentando recordar su apellido. Brian me miró con cierta duda y luego dijo:

—No sé.

—Cierto —le dije—, estoy demasiado viejo para empezar.

—No eres tú —me contestó y luego agregó—. Supongo que un pastor sabe cómo tratar a la gente con problemas.

Me contó que conocía bien a la mujer. La visitaba cada domingo. Se sentaban en el piano y tocaban codo a codo; después, ella le cocinaba *roast beef* con salsa, zanahorias y puré de papa. Entonces se sentaban y platicaban hasta que la comida se enfriaba.

—Es un poco excitable —dijo Brian—. Odia el desperdicio. Y creo que debo decírtelo: la Señorita Brill tiene alergias.

• • •

Los antepasados de Agnes Brill eran de Cornualles, en el Reino Unido. Su tez era pálida y la piel sobre el puente de su nariz estaba tan tensa que era totalmente blanca. De igual manera, la ropa que vestía era de lino, blanca, sin teñir. Su cabello estaba secado naturalmente, sus muñecas eran delgadas, como las de un pájaro. Sus dedos eran largos como las patas de una araña y su expresión en sí misma era frágil. La ubiqué en un rango de edad de cincuenta años.

Mi primera lección no duró más de diez minutos. La señorita Brill se colocó en un pequeño banco a poca distancia de mi codo derecho.

—Muéstreme —me dijo.

Miré hacia arriba. ¿Qué se suponía que debía mostrarle?

Ella miró hacia las teclas.

—¿Cuánto sabe? ¿Qué puede hacer?

Toqué una torpe melodía en C mayor.

Ella dijo: "D menor".

Yo apenas recordaba dónde poner las manos; mucho menos me iba a acordar de una escala.

—Levántese —me ordenó.

Lo hice.

Volvió a ordenarme:

—Hágase para atrás.

Levantó la tapa de la banca del piano y sacó un libro para principiantes: los elementos de la ubicación de los dedos, las cuerdas mayores y las cuerdas menores, las escalas, etc. Siguió pasando las páginas del libro hasta donde había cinco ejercicios para dedos.

—Éste —dijo—, y éste. Apréndalos antes de su siguiente lección.

Y también lo hice.

El siguiente jueves toqué las piezas para ella. Puede ser, o no, que haya cubierto sus expectativas. Durante todo el tiempo que continué con mis lecciones lamaestra jamás me felicitó ni me juzgó. Lo que era, era.

Una vez, bajo el frío de mediados de octubre, la señorita Brill terminó una lección tocando a Chopin, uno de sus *Nocturnos*. La música era tan melancólica, tan ligera y tan dulces los dedos de mi maestra sobre las teclas… Tan quedamente y tan triste llevó al cierre la melodía que al final yo también estaba conmovido. Me sorprendió, entonces, la dura acusación que siguió:

—¡Está usando lana! —De hecho, mi camisa era de algodón, al igual que mis *jeans*—. Sus calcetas —me dijo; me enrollé los pantalones: cierto, las calcetas eran de lana—. Soy alérgica a la lana —me dijo—, es la lanolina del animal.

—Pero… —quise replicar.

A principios de noviembre, llegué con una bufanda de paisleys de rayón. La señorita Brill brincó a la vista de la bufanda.

—Saque eso de aquí.

—No es lana —repliqué.

—¿Cree que exagero?

—Pues…

Tomó la bufanda y se la frotó contra el brazo. Casi inmediatamente, la piel se le hinchó y se le hizo un horrible verdugón carmesí.

Sus alergias se estaban intensificando. La lanolina de animal ya era suficiente, pero ahora también se estaba volviendo alérgica a las telas sintéticas y a los teñidos.

Nos veíamos todos los jueves. Al llegar el Día de Acción de Gracias planeé pasar el día con mi familia. Aparentemente la señorita Brill no quería interrumpir nuestro programa regular. Las lecciones eran más importantes que la familia de *cualquiera*. En lo que a mí respecta, la familia era prioritaria. El siguiente jueves mi maestra declaró que la había desafiado. Se sentó en su banco sin mediar otra palabra.

En esa época la mujer ya había tenido que disponer metros y metros de lino blanco en la entrada de su casa y alrededor de todas sus ventanas. Estaba convencida de que el viento hacía volar los alérgenos hacia su casa.

Y sin embargo, cuando tocaba el movimiento lento de una sonata de Scarlatti podía empatizar con ella. La señorita Brill era el estereotipo de la soledad. Santificaba la condición humana y yo sentí que podía comprenderla.

El siguiente hábito de la señorita Brill me entristeció. Empezó a pelear contra la atmósfera y colgó sábanas blancas sobre cada puerta interior y también cubrió las alfombras. Yo sentía como si tocara el piano en la morada de un fantasma.

Entonces llegó aquel jueves en el que comencé a dudar de su salud mental. Me recibió en la puerta, tensa y aterrada.

—Hay un ratón en mi cocina. ¡Sáquelo!

Todo esto sucedió exactamente como se los cuento.

La cocina estaba perfectamente limpia. No había absolutamente nada fuera de lugar. Los anaqueles eran sólidos, no había ni hoyos ni ratón. Volteé y encontré a la mujer junto a mí.

—Está en el refrigerador —me dijo y abrí la puerta del refrigerador—. En el cajón de vegetales.

Esto era más de lo que yo podía soportar.

La última vez que visité a la señorita Brill cancelé nuestras lecciones y terminé de una vez por todas con nuestra relación.

Había nevado. Todo era blanco afuera y todo era blanco adentro. La mujer estaba sentada y mirando hacia la ventana. Erguida, delgadísima y desolada.

—¿Señorita Brill?

—Otra alergia —murmuró—, no sé qué hacer.

Tampoco había nada que *yo* pudiera hacer.

—Yo misma —musitó—. Soy alérgica a mi propio cuerpo.

• • •

Debía ser abril. O mayo. En una ventosa tarde de primavera me encontré a la señorita Brill mientras bajaba los escalones de la biblioteca de la ciudad. El aire estaba cargado de un aroma de tierra húmeda y moho. La mujer vestía una ligera chamarra de piel. La saludé y le comenté lo contento que estaba por su recuperación.

—No gracias a usted —me dijo—. Se lo debo a Brian —concluyó y siguió su camino.

Cuando, después, tuve la oportunidad, le pregunté a Brian qué había hecho para ayudar a la señorita Brill.

El larguirucho sujeto se encogió de hombros.

—No mucho —contestó.

—Pero algo debiste haber hecho —insistí—. Ella te elogió.

—Bueno —contestó—, la visitaba, tocaba el piano con ella. Comíamos juntos los domingos.

Brian afirmaba que no había hecho nada más que eso. De hecho, había hecho *mucho* más.

Como siempre, después de que terminaban de comer, ambos platicaban o simplemente se acompañaban en silencio.

—No desperdicies, no malgastes —le decía la señorita Brill, le daba a Brian una cuchara limpia y ponía frente a él la salsa ya fría y apelmazada.

Mi amigo no se negaba y se comía todo aquello hasta dejarlo limpio.

• • •

La peor alergia de la humanidad consiste en estar afligido por uno mismo. Todos debemos soportarlo. El pecado nos impregna a todos, sin distinción.

CAPÍTULO 20

Joseph: el chico que era el juicio de Dios

Durante los primeros años de la década de los ochenta solía regresar de mal humor a casa para la cena.

Las congregaciones les pagan a sus pastores para ser buenos. ¿Y yo? Yo era *muy* bueno. Visitaba a los enfermos, a los marginados y a los reos en prisión. Enfrentaba a la administración de la ciudad en representación de mi congregación. Aconsejaba a las parejas que se preparaban para casarse y mediaba entre las que se estaban preparando para un divorcio.

Con un pastor llamado Loomis Dillard creé una agencia de mejoramiento de la ciudad. De propia voluntad establecí la Misión de Gracia, que servía a los pobres de muchas maneras. Bautizaba, confirmaba, presidía los funerales y predicaba sermones aceptables.

Tan bueno era como ministro, que pasaba doce horas del día fuera de casa.

En consecuencia, olvidé el cumpleaños de mi hija.

Thanne me reclamó. "¡Ni siquiera le diste una tarjeta de felicitación!"

Doce horas, les digo. ¡Me estaba agotando tanto hacer el bien! A pesar de que escondía mi agotamiento del trabajo que realizaba en la congregación, mi familia pagaba mi mal humor.

• • •

Cuando el profeta Jeremías se deprimió por la misión que le encargó Dios, rezó una plegaria encolerizada: "Cuando me encontré con tus palabras —dijo— yo las devoré. No he formado parte de grupos libertinos, ni me he divertido con ellos; he vivido solo, porque tú estás conmigo y me has llenado de indignación". Así que no había fiestas para Jeremías. No había sonrisas en su cara marcada por el tiempo. Se sentía atropellado, sin embargo, por los hijos de Israel, porque ellos llevaban los cuellos rígidos, se habían endurecido sus corazones y se habían vuelto obstinados. Más allá, Jezabel, esposa del rey Acab, buscaba matarlo. "¿Por qué no cesa mi dolor? —se quejaba Jeremías—. ¿Por qué es incurable mi herida? ¿Por qué se resiste a sanar?"

El profeta no sólo estaba agotado de hacer el bien. Estaba amargado. Lanzó una acusación en la cara de Dios: "¿Serás para mí un torrente engañoso de aguas no confiables?"

Habiendo atravesado más de la mitad a través del desierto para lograr su propósito, y confiando en que el Señor lo llevaría hacia donde hubiera agua para apagar aquella sed que lo mataba, Jeremías estaba iracundo contra aquel dios engañoso, porque cuando llegó al arroyo, éste estaba seco y su cauce se había agrietado bajo el sol abrasante. El profeta había llegado demasiado lejos como para regresar y sin embargo no había cerca un solo lugar donde pudiera completar su misión. ¿Qué haría entonces? ¿Sería que Dios intentaba matarlo?

Pero Dios respondió su plegaria, con autoridad y juicio: "Si te arrepientes —le dijo el Señor—, yo te rehabilitaré y podrás servirme. Si evitas hablar en vano, y hablas lo que en verdad vale, tú serás mi portavoz".

• • •

En aquellos días, la iglesia Grace me pagaba un mínimo salario de ocho mil dólares, apenas suficiente para mantener a mi familia. Estaba trabajando el doble de horas que cualquier pastor de tiempo completo y me estaban pagando no más de medio tiempo.

Es comprensible, entonces, por qué al regresar a casa, caminado a través de la resbalosa nieve de enero, llegaba del peor humor del mundo.

Nos sentábamos A cenar. Yo en la cabecera. Talitha se colocaba en la esquina a mi derecha, y Joseph a mi izquierda. No recuerdo lo que comíamos. Vegetales de nuestro jardín, seguramente. Huevos de nuestras gallinas. La frugalidad de Thanne balanceaba nuestra pobreza. Por ejemplo, envolvía los sándwiches de los niños en papel encerado que guardaba de las bolsas de cereal. Antes de empezar a comer yo pedía un silencio absoluto.

—Doblen las manos —les dije—. Inclinen las cabezas —rezábamos una oración antes de cenar—. Ven, Señor Jesús, sé nuestro invitado y permite que estos regalos sean bendecidos —a la mitad de la plegaria Talitha empezo a ponerse inquieta—.

Silencio —le ordenaba; supongo que trataba de obedecer, pero su inquietud la hacía retorcerse y quejarse—. ¡Talitha! ¡*No* estoy de humor!

De buen humor o de mal humor, no importó. La necia niña se levantó, se dirigió a la alacena y trajo de vuelta una bolsa de galletas y un tarro de mermelada de fresa. Sentó su trasero en la silla y empezó a untar la mermelada en las galletas. En el proceso, dejó caer una gota de la pegajosa mermelada en el suelo. Supuse que lo había hecho a propósito. Esto era más de lo que podía soportar. Con mi dedo índice le di un golpecillo en la palma de la mano y empezó a llorar.

—¡No te lastimé!

Esto no hizo más que incrementar sus sollozos. Me mordí los labios y la miré con enojo. Estaba listo para retirarme a mi estudio pero Joseph me detuvo.

El chico puso su silla en dos patas. Miró hacia el techo y me dijo:

—A veces nos das unos golpes en el trasero y no nos importa. No nos duele. Nos reímos y nos divertimos, porque es un golpecillo de cumpleaños y estás contando los años desde que nacimos. Dices: "Un pellizco para crecer un centímetro" —Joseph era el niño más pequeño de estatura de su escuela. Le gustaba eso de los pellizcos para crecer—. Pero cuando estás enojado —continuó—, incluso un pellizco o un dedazo nos duele.

El niño volvió a poner su silla sobre las cuatro patas y empezó a comer de nuevo. Había hablado como si hubiera hecho un simple comentario sobre el clima. Pero me avergonzó. Cuando acosté a Talitha en su cama aquella noche le pedí disculpas.

¡Joseph sólo era un niño! Y, sin embargo, había sido el juicio de Dios.

"Si te arrepientes, yo te rehabilitaré. Si evitas hablar en vano, y hablas lo que en verdad vale, tú serás mi portavoz."

PARTE 10
El huésped no invitado

PARTE III

El huésped no invitado

CAPÍTULO 21

Mary: "Tan sólo es una muñeca en su caja"

Teníamos una costumbre en la iglesia Grace. Normalmente nos reuníamos la tarde del domingo, antes de la Navidad, y después, ya bien abrigados, con gorros y felices, nos aventurábamos a la oscura y fría noche decembrina para ir a cantar villancicos a los miembros de la congregación que no habían asistido. Los niños iban por delante, gritando, emocionados de ir a sorprenderlos. Los adultos caminábamos detrás de ellos, platicando y sacando nubes de humo blanco con nuestro aliento, felices con la compañía.

—¿Creen que nevará?

—Hace suficiente frío.

—A mí me huele a que sí nevará.

Aquella tarde de domingo en particular las estrellas en el cielo parecían hechas de cristal.

Y así llegamos al porche de la señora Moody.

"*¡Escuchen con atención! Los ángeles cantan. ¡Gloria al Rey recién nacido!*"

La luz del porche se encendió, una cortina se abrió y ahí estaba la cabecita blanca de la señora Moody, sonriéndonos desde

163

su sala y agradeciendo nuestros cánticos. Los niños fulguraban de entusiasmo.

"Ve y cuéntalo en la montaña, sobre las colinas y en todas partes…"

Hacíamos cosas tontas, como mecer nuestros llaveros al ritmo de "Jingle Bells". Incluso los adultos nos comportábamos como niños, con nuestras caras pálidas y nuestras mejillas sonrosadas, y los afroamericanos, como si ya trajeran un suave velo de nieve.

Más abajo por la calle, le seguimos cantando a la señora Buckman, a la señora Lander y al señor J. D. Jones. Timmy Moore les cantaba "O Holy Night" con su generosa voz de tenor. "Esta es la noche del nacimiento de nuestro querido Salvador". Timmy era nuestra mejor sorpresa, tanto así que la señora De Witt bajó la cabeza y empezó a llorar. Su joven voz tenía el poder de una locomotora; cantaba la verdad y cantaba con convicción "Oh, noche, noche divina." Nosotros apenas si podíamos respirar.

Entonces todos cantamos "Noche de paz".

En el tercer verso, la voz de Dee Dee Lawrence, aquella pequeña e inocente chica de color leche con chocolate, parecía empezar a volar, como una alondra, hacia la esfera brillante del cielo para rozarla con sus alas y hacer que todo él cantara junto con ella.

Teníamos otra costumbre: dividirnos en tres grupos, cada uno para ir a visitar a los miembros de Grace que se encontrara en alguno de los hospitales de la ciudad.

Aquel domingo, el 20 de diciembre de 1981, Mary tenía siete años, y Dee Dee Lawrence, ocho. Ambas estaban en el grupo que llevé al Hospital St. Mary, junto con Herman Thomas y mi esposa, Ruthanne Wangerin.

Los llevé hacia la habitación de la señora Odessa. Las niñas jamás la habían visto. Su cuerpo las asustó. Rodeamos su cama por los tres lados, con cuidado de no tocar nada; a la vista, la señora se veía demacrada y cadavérica, con los dedos delgadísimos y los huesos de los brazos a la vista. Yo me quedé del lado de su cama que daba hacia la ventana. Mary estaba enfrente de mí, muda por la impresión. Sus ojos azules tan abiertos como podían. Odessa estaba muriendo de cáncer.

• • •

Odessa había estado recluida en su casa durante los últimos siete años. En todo ese tiempo, yo la visitaba cada semana. Había sido una mujer alta y fuerte de opiniones arraigadas y de grandes afectos. El coro de nuestros niños, *su* coro, se llamaba Las Notas de Gracia. La mujer se había mantenido al tanto de ellos por medio de quienes la visitaban, por los chismes que le llegaban, por las llamadas telefónicas de sus conocidas, por los boletines de la iglesia… y por mí. Cuando la visitaba, me preguntaba todo acerca de quienes llamaba "sus niños".

Moviendo sus negros brazos, fumando un cigarrillo tras otro, caminaba con sus chanclas de un lado a otro de la habitación, regañándome si juzgaba que yo no estaba haciendo algo bien con sus niños. Otras veces me platicaba acerca de sus hijas, quienes habían muerto y la habían dejado sola.

Había aprendido a examinar su boca cuando entraba a su departamento. Si traía puesta su dentadura, estaba enojada conmigo, y quería que al hablar sus dientes falsos chocaran como armas, para mostrarme su ira. Pero si me recibía mostrándome sus encías, yo sabía que estaba de buenas conmigo. Se hinchaba de orgullo y de amor maternal por sus niños, incluso cuando no los había escuchado cantar.

Nunca pude persuadirla de que dejara de fumar. Fue un cáncer de pulmón lo que finalmente la llevó a aquella cama en el Hospital St. Mary.

• • •

Los ojos de la señora Williams estaban hundidos en sus órbitas y su piel estaba tan seca como un papiro. Cruzaba sus grandes manos sobre la sábana y se hundían a la altura de su abdomen. ¿Cómo saber si estaba respirando o no?

Mary parecía incapaz de dejar de ver la cara de Odessa. Todos los niños estaban en una especie de trance, horrorizados.

—¿Por qué no le cantan? —les sugerí.

Ellos apenas se movieron.

—¿Qué sucede? ¿Les comió la lengua el ratón?

—No nos va a escuchar —contestó Mary.

—Bueno, vamos a resolver eso —les dije—: canten como lo hacen siempre.

Entonaron una versión de "Allá en un pesebre", muy lamentable. Parecían niños de guardería, inseguros por su audiencia, pero después hallaron cierto confort en su propio canto y comenzaron a relajarse, mejorando el villancico.

Entonces Odessa abrió los ojos. Empezó a observar detenidamente las caras de cada cantante. Mary le devolvió la mirada con una sonrisa. Odessa comenzó a asentir y a hacer movimientos de masticación, como si estuviera comiendo un delicioso trozo de carne. En ese instante los chicos habían encontrado la razón de su visita. Instintivamente supieron lo que significaba el gesto de la mujer.

Odessa no traía puesta su dentadura. Así que les susurré: "Dee Dee". Ella sólo me miró, y yo proseguí: "Dee, Dee, canten 'Noche de paz'".

¡Mi querida Dee Dee Lawrence! Esa niña, tan suave como la luz que se filtraba entre las cortinas, empezó a cantar, llenando la habitación con su voz. El resto del grupo de Las Notas de Gracia le siguió el ritmo, armonizando con ella, de manera inconsciente. "Todo duerme en derredor; sobre el santo niño Jesús. Una estrella esparce su luz…"

Los ojos de Odessa se abrieron aún más. Descubrió a Dee Dee a los pies de su cama. En ese momento sucedió algo maravilloso: la enferma levantó sus largos brazos; aún recostada, empezó a dirigir a la niña y con trazos largos la obligó a subir su tono. Odessa le mostraba el camino y Dee Dee la seguía. La pequeña logró una modulación de soprano, con una fuerza con la que jamás había cantado: se convirtió en una fuente de luz. Paso a paso, la señora Williams impulsaba a Dee Dee en ese camino celestial hacia la gloria. Tan brillante, tan sagrado, tan alto. "¡Ha nacido el Niño Jesús! ¡Ha nacido Cristo, nuestro Salvador!" La voz de Dee Dee ascendía como si el mismo techo se hubiera abierto y la dejara llegar hasta el cielo nocturno, como si las estrellas titilaran cual campanas en el cielo.

Después, aún dirigiéndola, la mujer la hizo bajar poco a poco el tono y nos devolvió a la tierra. Las Notas de Gracia se quedaron en silencio, en espera de una nueva instrucción.

Y Odessa no los decepcionó.

—Ay, niños, mi coro —les dijo, repasándolos con la mirada—. No hay nadie más bueno que ustedes. Mis bebés, ustedes son los mejores del mundo.

Los niños la miraron, creyendo sinceramente sus palabras. Mi Mary también le creyó, con su alma y su corazón.

—Escúchenme —les pidió Odessa—, cuando canten, adondequiera que sea que canten, busquen en la primera fila de sillas. Siempre hay una silla vacía, ¿cierto? —los chicos asintieron; La habían visto—. ¿Saben para quién es esa silla? Para mí. Yo siempre estoy con ustedes. Y siempre estaré con ustedes. ¿Y saben por qué puedo decir algo así de maravilloso? —los pequeños permanecieron en silencio, en espera de su respuesta—. Porque estamos con Jesús —Odessa levantó su brazo y abrió la mano—. Mis bebés, mis bebés, estamos en las manos de Jesús: los grandes y los jóvenes, las niñas y los niños, ustedes y yo. Y nadie nos va a arrebatar uno del otro. Jesús jamás nos abandona. Nunca. Jamás.

Mary se acercó y extendió su mano hasta tocar la de Odessa. Aquella anciana se había ganado su corazón. Este es el poder de un amor sabio que se ofrece de manera sabia: transfigurando un alma, súbitamente y para siempre.

• • •

Al día siguiente, el martes 21 de diciembre, Odessa Williams falleció. Su muerte llegó de manera súbita. Se fue a su encuentro con Dios, sin su dentadura.

Se fue de manera súbita. Odessa nos dejó poco tiempo para preparar su funeral. La funeraria Gaines embalsamó su cuerpo el jueves por la mañana, de manera que la velación se pudiera realizar esa misma tarde. Su entierro se llevó a cabo el viernes a las once de la mañana. Ese día era Nochebuena. La funeraria cerraba los días festivos, incluso los días festivos eclesiásticos. Aparte, Gaines nunca trabajaba los fines de semana.

De pronto mis responsabilidades pastorales se duplicaron y se triplicaron. Debía preparar el sermón para la velación y para el entierro. El coro de los niños también debía presentarse aquel viernes de Nochebuena. El día de Navidad requería su propio sermón, así como el día siguiente, el domingo. Estaba, entonces, distraído por mis obligaciones, fungiendo más como pastor que como papá.

Mientras comíamos sándwiches de queso derretido, mencioné que la señora Williams había fallecido el día anterior. Las muertes de la gente mayor no son exactamente noticias porque todo el mundo las espera. Suceden irremediablemente. Pero ésta era la muerte de Odessa.

Mary dejó su sándwich en el plato y se perdió en sus pensamientos.

Yo terminé mi café, me limpié la boca y me levanté para irme. Entonces mi hija llamó mi atención suavemente:

—¿Papá?

Ya era la una y media. Volteé y le contesté:

—¿Qué pasa? Ya me tengo que ir.

—¿Papá?

—¡Mary! ¿Qué quieres?

—¿Va a nevar?

—¿Mañana? ¿Antes de la velación?

—El viernes.

—No lo sé. No soy meteorólogo.

Con un susurro dijo:

—Quiero ir al funeral.

—Pídele permiso a tu mamá.

• • •

Esa Nochebuena llegó con un clima gris, fría y sin viento, con las nubes cubriendo el cielo. Caminé hacia la iglesia.

Teníamos otra costumbre en la iglesia: una hora antes de que se llevara a cabo la velación se abría el ataúd y se exponía en una mesa, debajo del altar. Parientes y amigos, colegas y conocidos iban a la iglesia para dar un último adiós a la persona fallecida. Esa mañana sólo había unos cuantos miembros de la iglesia dispuestos a participar en la velación.

Parecía que nadie más iría a despedirse de Odessa. Para entonces, sólo unas cuarenta y cinco personas se habían reunido en la capilla. Se habían dejado los abrigos puestos. Parecía una fila aves posadas en los cables del teléfono, hinchando su plumaje para protegerse del frío.

Me vestí. Esta también era una costumbre para mí: encontrarme con la familia afuera de la puerta para recibir el cortejo mortuorio. Pero, como dije antes, éste era el funeral de Odessa Williams. Y ella no tenía familia.

De pronto, llegó Mary y se paró junto a mí en la puerta de la iglesia.

Apuntó hacia el cielo. Como si fuera una acusación, dijo:

—¡Va a nevar!

Sí, al parecer, nevaría.

Le dije:

—Ven, vamos adentro mientras mamá estaciona el auto.

Ya adentro, la llevé hacia los escalones que conducían al santuario. Era muy pequeño. Nueve filas de bancas de un lado y once del otro. La acerqué hacia donde estaba el ataúd de la señora Williams. Mi hija de siete años se asomó y murmuró:

—Oh no, oh no.

Los párpados de Odessa parecían sellados con pegamento. Sus labios estaban muy pálidos y su tez tenía un color que no era el suyo: un color café amaderado. Sobre el puente de su nariz, mal puestos, alguien le había colocado un par de lentes. ¿Lentes? Si había usado lentes, jamás me percaté.

Después de pensarlo un buen rato, Mary acercó su mano para tocar los largos dedos de Odessa. Inmediatamente se apartó como si aquellos dedos la hubieran quemado.

—¡Papá! —dijo—. ¡La señora Odessa ya está fría! No la pueden enterrar, porque la va a *cubrir* la nieve.

Mary escondió cara en mi túnica y comenzó a llorar. Mi hija había tocado la muerte por primera vez. El final de las cosas. La conciencia de que éstas *deben* tener un final. Mary entendió que Odessa Williams, aquella mujer fuerte que se había apoderado de su corazón apenas cuatro días antes, había tenido un fin. Que se había ido. Que estaba muerta.

Me arrodillé y abracé a mi hija hasta que sus sollozos amainaron, luego la solté y la vi caminar por el pasillo con la firmeza de un soldado. Fue con su mamá y se sentó junto a ella. Ya no lloraba. Sus labios estaban cerrados y apretados. Noté que otros miembros del coro también habían llegado.

Y así siguió el funeral. Y así siguió el sermón.

Pero, para Mary, ¿qué significaban las verdades de la cristiandad? ¿Qué significaba el cielo? Nada, porque la señora Williams se había convertido en nada.

Más tarde, en el cementerio Oak Hill la congregación de la iglesia Grace se arremolinó junto al ataúd, todos cubiertos con sus gruesos abrigos. Leí aquello de la tierra y las cenizas, mientras mi aliento y mis palabras salían de mi boca en forma de nubes.

"Ya que Dios Todopoderoso ha llamado a nuestra hermana de esta vida para estar con él, ofrecemos su cuerpo a la tierra…"

Cuando dejamos la tumba y caminamos hacia nuestros automóviles, traté de tomar la mano de Mary pero ella me rechazó. Se detuvo en seco.

—¡Papá! —sus ojos azules resplandecían; apuntó hacia el cielo y luego hacia la tierra y dijo—: ¿Lo ves?

Un finísimo polvo blanco empezaba a caer sobre las bases de las tumbas. Estaba nevando.

• • •

Mi hija Mary había escogido interpretar a la Virgen María en la fiesta de esa misma tarde. Pensé que aquello sería demasiado para ella.

Cuando entré a su habitación la encontré boca abajo sobre su cama.

—¿Mary? —pregunté.

No respondió. Su pequeñez me tocó el corazón.

—¿Debería buscar otra María para esta noche?

—Yo soy María —contestó.

—Oh, sí, lo sé, me refiero a buscar a otra niña que *intreprete* a la Virgen María.

—*Yo* soy María, soy Mary.

Sí, ella era María.

El viernes por la tarde, entonces, la congregación de la iglesia Grace encontró los ornamentos de Navidad colgando de las paredes del santuario, así como un árbol de Navidad decorado con borregos, burros y pesebres de papel, hechos a mano por los niños. Hubiera sido difícil distinguir a los animales, pero habían tenido la idea de escribir sobre cada uno, por ejemplo, en el borrego: "Yo soy un BORREGO". Las luces del santuario estaban apagadas. Sólo quedaban encendidas las luces brillantes del presbiterio.

Pequeños pastorcitos y angelitos, todos con batitas, aparecieron. Se escuchó un murmullo de ternura. Los pequeños y risueños actores se alinearon en los escalones del altar y entonaron una canción. Un Isaías barbón saltó al púlpito y gritó: "¡No teman! ¡Traigo buenas nuevas de gran alegría!"

Thanne y yo estábamos sentados con los miembros de la congregación en la segunda fila.

Los pastores y los ángeles empezaron a entonar otra canción mientras tres pequeñas figuras salían a escena: María (mi hija en su interpretación de la Virgen María) cargando a un pequeño; José (un niño llamado David) cargando un gran martillo, y Laurie, que interpretaba al dueño de la posada y que cargando una cuna de madera llena de paja, que colocó en el suelo, al centro del presbiterio. David se acercó a ella, de cara a la congregación. Y Mary se hincó. Al dejar al niño sobre el pesebre lo hizo sin un ápice de ternura.

De modo que ahora los pastores, que habían estado cuidando a sus rebaños, se acercaban por detrás de José y se arrodillaban en absorta adoración. De pronto, todos los ángeles movieron sus manos, mostrando estrellas de aluminio, y el pequeño Isaías se convirtió en Dios, exclamando: "¡Todo está listo!"

Todos los pequeños expresaron su júbilo porque el Señor había llegado.

¿Y Mary? Decidió actuar una escena que el propio san Lucas desconocía.

Tomó el niño del pesebre, jalándolo del pelo. Se levantó. Se arremangó la falda de su vestido azul virginal, pasó sobre el pesebre y salió del presbiterio hacia mi pequeña oficina, que quedaba al lado.

A decir verdad, los niños perdieron un poco de su júbilo por la actitud de Mary, pero siguieron cantando sin inmutarse. Algunos adultos alrededor mío y de Thanne se removían en sus asientos, intentando ver hacia dónde se había dirigido Mary. "¿Qué le pasa a esa niña?"

Por mi parte, mi corazón se derritió cual agua dentro de mi pecho. Aquel día había sido muy difícil para mi hija. Pensé que debía levantarme y seguirla, pero Thanne tocó mi mano y sacudió la cabeza negativamente.

Justo mientras los ángeles y los pastores se maravillaban por el amor de Jesús, Mary regresó sin el niño, pero con una genuina sonrisa de júbilo. Se hincó frente al pesebre vacío, puso sus manos juntas en señal de oración, como lo hiciera María, y volteó hacia el público con valentía. Entonces se apagaron las luces, y al tiempo que los feligreses encendían sus velas, todos empezaron a cantar "Noche de paz". Dee Dee Lawrence, ya saben, cantó

con una fuerza y una emoción que las mujeres tuvieron que lim-
piarse las lágrimas con sus pañuelos.

• • •

Después de aquel acto, Thanne llevó a nuestros otros tres hijos a
casa. Mary decidió regresar conmigo. Una tersa nieve empezaba
a crear conos debajo de las luces de la calle y hacía torbellinos
sobre el asfalto chocando ligeramente contra el parabrisas y en-
cerrándonos en una privacidad algodonada.

Yo manejaba en silencio. Entonces Mary me dijo

—¿Papi?

—¿Sí?

—Jesús no estaba en el pesebre. Ese no era Jesús. Era solamente el muñeco de Rosaline —me dijo. ¿Papi?

—¿Mary?

—Jesús no *tiene* por qué estar en un pesebre. Quiero decir,
él puede ir y venir. De arriba a abajo. A veces en el cielo, a veces
en la tierra, ¿cierto?

—Cierto —susurré.

—¡Por eso su pesebre está vacío! Lo mismo pasa con la señora Odessa. No tenemos por qué preocuparnos de la nieve porque
lo que hay en el féretro sólo es una muñeca. Si Jesús puede hacer
ese cruce, también la señora Williams puede hacerlo.

Jesús jamás nos abandona. Nunca.

Entonces, Mary volteó a verme y preguntó:

—¿Por qué estás llorando?

CAPÍTULO 22

Talitha: aquel que llama

No invitada. Despreciada. Temida. Si se supiera que ella estaba ahí, habría sido la invitado ignorada en una reunión feliz.

Ella no puede ser controlada. Es ella quien controla. Ella no es amable. Hace lo que le place. Por eso, si ella *fuera* ser conocida, aquellos que están reunidos en su agradable tertulia intentarían fingir que no la conocen. Y aquí viene algo maravilloso: ¡lo lograrían!

A pesar de que ella siempre se mueve entre ellos, con su respiración rozando sus cuellos, ellos bailarían contentos intentando, con cada movimiento, negar su presencia. Hasta que ella toca a uno de ellos y éste tropieza y se cae, entonces la música y el baile terminan y los bailarines inician su duelo. Y nadie la puede negar. No, nadie.

Su nombre es…

• • •

Para su decimosexto cumpleaños, Talitha decidió darse a sí misma una fiesta de cumpleaños sorpresa. Mi pobre hija... Supongo que se cansó de esperar.

Talitha es la más joven de nuestros cuatro hijos, adoptada por su madre y por mí, justo después de haber adoptado a su hermano Matthew tres años antes. Su cumpleaños es el 9 de enero.

—Te ayudaré —le dijo Thanne.

Talitha suspiró y contestó:

—Puedo hacerlo yo sola.

Por supuesto, esa niña podía hacer cualquier cosa.

—Al menos hagamos juntas la lista de invitados —le contestó Thanne.

—La... ¿qué?

—La lista de invitados y las invitaciones. Te ahorraré tiempo escribiendo las tarjetas yo misma.

Talitha puso los ojos en blanco. Debí haberlo sabido. Un padre sólo comprende poco sobre sus hijos adolescentes. Al parecer, Thanne ya había usado su dosis en la época de Navidad. Tendría que ganarse más crédito antes de que esta niña admitiera la autoridad o la sabiduría de su madre.

—No va a haber lista de invitados —respondió Talitha—. Simplemente empiezas a correr la voz: "Hay una fiesta en el sótano de Talitha el sábado por la noche". Y vienen. Quién viene es parte de la sorpresa.

—¿Y qué pasará si vienen extraños? —preguntó Thanne.

—No hay nadie a quien yo no conozca.

—¿Qué hay del alcohol? El alcohol está prohibido en esta casa.

—No hay nada que no podamos manejar Kenya y yo —Kenya era la amiga más cercana de Talitha—. Relájate, mamá. Podemos enfrentar lo que sea.

Le creí. Nuestra hija es tan aventurada y tan confiada como pocas.

Así fue como Thanne se había gastado su último crédito para seguir aconsejando a la niña.

Después de una noche que salimos —nosotros, sus aburridos padres—, regresamos a casa para encontrar a Talitha sudando en la cocina. Estaba amasando la mayor cantidad de masa que he visto en mi vida. Era tan grande que se desparramaba de la mesa de la cocina.

—¿Qué estás preparando? —preguntó Thanne.

—Panqué de café —respondió la niña.

Thanne se rió ante su inocencia. Le dijo:

—Pero… esa masa equivale a *cuatro* panqués.

Una vez más mi esposa seguía perdiendo créditos.

Talitha se tensó detrás de su inmensa masa:

—La receta dice que con esto se prepara un solo panqué.

Resuelta ("Yo lo puedo hacer yo sola), siguió agrandando la masa al verterle mantequilla, azúcar y canela. Formó la masa en forma de *croissant*, que ya tenía el tamaño de un abrazo humano, retiró los sartenes que estaban en el horno, acomodó la rejilla, empujó la masa adentro, puso la temperatura en bajo y estuvo picando la masa con un palillo hasta que terminó de hornearse. Le bastó… ¿una hora y media? No, mucho más tiempo que eso.

Y funcionó. Sobra decir que con eso Thanne perdió toda su credibilidad y todo su crédito.

Cuando digo que funcionó quiero decir que el panqué de café de Talitha se había horneado al cien por ciento. La parte superior brillaba deliciosamente. Entonces procedió a cortarlo en tres partes. Una de ellas se la dió a la banda musical de su escuela. Amablemente nos dio permiso, a su familia, de comer la segunda porción. La tercera la congeló para su fiesta de cumpleaños.

Ella y Kenya empezaron a decorar el sótano. Una mesa para las bebidas, decoraciones de papel de pared a pared, mi aparato de sonido y bombillas de luz negra.

—¿No se va a oscurecer mucho con esa luz? —pregunté.

—No.

Y tuvo razón.

No me debí haber sorprendido por el efecto. Cuando sus amigos empezaron a llegar, sus ojos brillaban con un lustre azul-blanquecino. Lo mismo sucedía con sus dientes. Los chicos usaban playeras que, con las luces negras encendidas, brillaban cuando empezaban a bailar.

A la mitad de la fiesta, tres chicos y una chica tocaron el timbre. No conocía a ninguno. Con caras totalmente inexpresivas pasaron le largo sin detenerse, presentándose como "Bosse, Bosse, Bosse". Bosse era el nombre de la preparatoria de Talitha. Sin esperar se dirigieron hacia las escaleras del sótano.

Dos minutos después, regresaron por donde habían llegado. Mejor dicho, los forzaron a regresar. Aún con sus caras inexpresivas, caminaron hacia la salida mientras Talitha y Kenya los escoltaban: "Y no regresen hasta que estén sobrios".

Abajo había grandes botellas de Coca Cola sabor cereza, 7*Ups* y *Dr Pepper,* pizza, papas fritas, dip y aquel panqué de café. ¡Y vaya cómo bailaban los muchachos! Me encontré a mí mismo siguiendo la tonada con la punta de mi zapato, conmovido por su belleza. Parecían flotar al ritmo de la música. No bailaban en parejas. Todos movían los pies y brincaban de manera uniforme, como si se tratara de un solo cuerpo; aterrizaban, se deslizaban en el piso, en su danza compleja, súper segura y *cool*. Era una comunión generalizada.

Thanne bajó hacia donde yo estaba. Se acercó a mí y me dijo:

—Tienes una llamada telefónica. Creo que deberías contestar.

El invitado no invitado.

Thanne tiene un instinto muy preciso. No me gustan las interrupciones los sábados por la noche, ya que normalmente estoy preparando mi sermón del domingo. Ella sabía eso y no me habría pasado la llamada si no la hubiera considerado importante.

Me dijo:

—Es una mujer. Dice que vive en Iowa.

Arriba, el suelo retumbaba con la música del sótano.

Me puse el auricular en la oreja.

—¿Hola?

—Um —dijo una voz de mujer.

—¿Hola? Soy el pastor Wangerin.

La voz dijo:

—Sí… Bueno, yo…—entonces, como si tuviera mucha prisa, la mujer habló sin hacer una sola pausa—: "Yo-solo-quería-decirle-adiós-a-alguien-que-es-muy-amable.

—¿La conozco? ¿Qué quiere decir con eso de que se está despidiendo?

Hubo una larga pausa. La voz parecía de una mujer joven. ¿Quizá en sus veintes o apenas en sus treintas?

Me dijo:

—Yo lo conozco. He leído sus libros. Usted es mu amable.

—¿En serio? —le dije—. Creo usted debe tener otra razón para llamarme de larga distancia.

Ella dejó salir las palabras con la misma aprehensión y la misma prisa:

—Ya no puedo aguantar más esto —su voz se volvió chillona—. Estoy cansada, pastor. Estoy tan... tremendamente... cansada. Adiós...

No cabía duda de que era su propia vida la que sentía que se le iba. De pronto su "adiós" me dio miedo.

—Escuche —le dije—, ¿cuál es su nombre?

—No. No hay necesidad de darle mi nombre.

Justo entonces escuché un gimoteo inarticulado en el fondo. El teléfono pegó contra algo duro. ¿Una mesa? La voz de la mujer seguía escuchándose de distante.

Dijo

—Regresa a la cama. Deja a mamá a solas —más gimoteos—. ¡Vete! —volvió a tomar el auricular—. Los amo —me dijo—, pero soy mala para ellos. Los hago infelices. Sería mejor que tuvieran una madre diferente.

—¿Está hablando de sus hijos?

—No puedo cocinar. No puedo lavar su ropa, no puedo limpiarles la nariz. Ay, Dios, no puedo hacer nada más que sentarme y llorar.

—Deme su número telefónico —le supliqué—. Dígame su dirección en Iowa.

Escuché una risa suave al otro lado de la línea.

—No. No estoy en Iowa. Estoy cubriendo mis pasos.

—Pero usted debe hablar con alguien.

—Estoy hablando con usted.

—Me refiero a hablar con alguien personalmente. Cara a cara. ¡Ahora mismo! Al menos dígame en qué ciudad está. Conozco predicadores en cada ciudad del país. Permítame llamarle a alguien para que vaya a visitarla.

—Estoy tan cansada —suspiró; su voz disminuyó hasta convertirse en un suspiro—. Tan cansada. Tan tremendamente cansada.

—Por favor —insistí—. No voy a poder dormir esta noche. Me asusta pensar que sus bebés se van a despertar mañana para encontrar muerta a su madre. Por favor...

La mujer colgó.

Me quedé en el estudio aún sosteniendo el teléfono, pegado al oído. Paralizado.

Los chicos que bailaban en el sótano no sabían, no podían saber, que aquella extraña invitada estaba entre ellos, respirándoles sobre el cuello; la terrible invitada: la Muerte.

Yo tenía un nudo en la garganta. Pensé en mi hija: sus amigos eran hermosos, bailando tan despreocupadamente. Pero su belleza, su baile, su fuerza, su feliz confianza y su dulce comunión eran tan frágiles. Algún día todos estarían muertos y no les quedaría nada de esa energía vital.

Me senté en los escalones del sótano, lamentando el futuro que les esperaba.

Yo lo puedo hacer sola.

No, no todo.

El teléfono volvió a sonar. Esta vez no esperé a que Thanne contestara. Subí corriendo las escaleras y tomé el auricular al tercer timbrazo.

—¿Hola? ¿Hola?

—Cuando yo muera... —¡Sí! ¡Era la misma mujer!—. Cuando yo muera —preguntó—, ¿iré al infierno?

—¿Cuál es su nombre?

—No me quiero ir al infierno.

—Lo sé, lo sé. Nadie quiere irse al infierno.

—Pero si vivo —había urgencia en su voz—, me preocupa que me separen de mis hijos.

Ese era un dilema, sí. Pero era un *buen* dilema. La mujer estaba pensando en la vida, si no en la suya, en la de sus hijos.

—Escuche —le dije—, consiga un lápiz. Quiero darle mi dirección —escuché el sonido de un cajón que se abría—. ¿Tiene un lápiz?

—Ajá.

—Escriba esto —palabra por palabra y número a número y le di lentamente mi dirección—. Ahora —le dije—, haga algo por mí: cuando se levante, mañana por la mañana, escríbame una nota. No tiene que darme su nombre. Escriba: "Querido Walt, desperté". Eso es todo. Sólo eso. ¿Lo hará?

—Elisabeth Anderson —dijo, y colgó.

Recargué las manos sobre el escritorio y dejé caer la cabeza.

—Jesús. Ay, Jesús.

Thanne estaba a mi lado.

—¿Wally?

No podía ni moverme.

¿Dónde está, oh Muerte, tu aguijón? El aguijón de la muerte es el pecado, y el poder del pecado es la ley. ¡Pero gracias a Dios, que nos da la victoria por medio de nuestro Señor Jesucristo!

—Exactamente —contestó Thanne.

Esa noche, mi esposa se convirtió en mi evangelista. Thanne perforó a este pobre pastor con los clavos sagrados de la verdad, de la vida y dela resurrección. Y el mango del martillo estaba en la mano del misericordioso Hijo de Dios.

Walt a los setenta y tres años

Aquí termina este pequeño libro.

Sepan ustedes que cuando un autor escribe, lo que él escribe puede revelarle verdades que quizá sabía antes, pero desconocía que las sabía. Las frases le susurran: "Mira y observa. La mente de Cristo siempre ha morado en *tu* mente, en espera paciente de ser escuchada".

La escritura es como el anzuelo que atrapa peces. Y cada pez que atrapa mueve su ojo hacia el autor, abriendo su boca cartilaginosa y exhortándolo a la humildad y a la obediencia de Jesús, el sirviente de los hogares, de las personas, de las naciones y de cada ser humano que puebla esta tierra.

Sobre el autor

Walter Wangerin Jr. es ampliamente reconocido como uno de los escritores más destacados de nuestro tiempo sobre temas de fe y espiritualidad. Su libro *The Book of the Dun Cow* fue uno de los más comentados en 2003. Sus admiradores se cuentan por millones en varios países del mundo. Es autor de más de cuarenta libros, incluido *The Book of God*. Walter Wangerin Jr. ha ganado el Premio Nacional del Libro y el Premio al Mejor Libro Infantil del Año, del *New York Times*. Vive en Valparaíso, Indiana, donde es catedrático de Investigación en la Universidad de Valparaíso.

La Iglesia útil. El brazo extendido de Dios
EFRAÍN OCAMPO

"La iglesia útil es la que resplandece en un mundo en tinieblas; es el reino de los cielos entre nosotros; es santa en un mundo corrupto y depravado; es aquella que persevera en su salvación; no está hecha a imagen del mundo, sino que ha sido fundada por el Señor con valores opuestos a los del mundo. La iglesia útil es el brazo extendido de Dios prodigando amor, misericordia y justicia".

EFRAÍN OCAMPO.

Una obra profunda y conmovedora sobre los desafíos que enfrenta la Iglesia cristiana en nuestros días.

Por medio de una narración honesta, valiosa y llena de reflexiones, Efraín Ocampo nos llama a fortalecer la fe cristiana con una guía práctica para obtener respuestas luminosas de cara a la apostasía, la incredulidad y los retos del cristiano actual.

Sabemos que Dios siempre nos ha llamado al arrepentimiento, por lo que se vuelve urgente ser una Iglesia útil a los propósitos del Señor en la época y lugar donde Él nos ha puesto. Para conseguirlo, requerimos tener claro el mensaje de Jesucristo, vivirlo en carne propia para no caer en el engaño de Caín, para poder identificar el momento histórico en el que vivimos y aceptar amorosamente su llamado.

Tras los pasos de Francisco. El relato de un peregrino
IAN MORGAN CRON

"Si tu corazón busca a Dios, pero tiene preguntas, bienvenido al club. Hay buenas noticias: hace siglos, Francisco abrió el camino a la vida con Dios. Ian Cron, ¡lo está haciendo una vez más!"

Eric Metaxas,
autor del bestseller *Bonhoeffer: Pastor, Martyr, Prophet, spy.*

¿Qué sucede cuando el líder de una gran Iglesia extravía su fe?

El pastor Chase Falson ha perdido su fe en Dios, en La Biblia, el cristianismo evangélico y en su enorme Iglesia. Cuando se derrumba interiormente, los ancianos de la comunidad le dicen que se vaya lo más lejos posible. Decide hacer un viaje a Italia que le cambiará la vida. Ahí, con un curioso grupo de frailes franciscanos, lucha por resolver su crisis de fe siguiendo los pasos de Francisco de Asís, un santo cuya forma sencilla de amar a Jesús cambió la historia del mundo.

Chase Falson siguió a Jesús, el que sana e inspira. La historia de este peregrino refleja los sentimientos de un número creciente de cristianos que están cansados de los pastores famosos, más enfocados en la imagen personal que en la adoración a Cristo, mientras que las preguntas más profundas de la vida siguen sin abordarse de manera significativa.

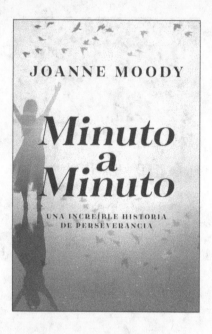

Minuto a minuto. Una increíble historia de perseverancia
JOANNE MOODY

Un asombroso testimonio del poder sanador de Dios. La emotiva historia de Joanne y su curación completa, es un ejemplo de inspiración emocional a seguir sobre el amor de Dios, que nunca te deja ni en la peor de las adversidades.

Alguna vez fue una atleta entrenada en las mejores condiciones, pero Joanne Moody sufrió una lesión posterior al embarazo que la marginó durante los siguientes 14 años. Joanne nunca ha sido una persona que renuncie fácilmente, así que luchó incansablemente para encontrar una respuesta a su dolor, año tras año. Numerosos médicos intentaron curarla hasta que finalmente alguien le recomendó a un asombroso cirujano en Francia.

Joanne entendió que el momento de su mayor dolor, Dios se acercó a ella y le hizo una promesa. Esta hermosa e inspiradora historia mantiene a sus lectores en vilo, mientras se unen a Joanne en su viaje espiritual para superar el sufrimiento y arribar a la cúspide de la fe y el amor.